"十二五"辽宁省重点图书出版规划项目

国家自然科学基金（71272140、71472157）的研究成果

三友会计论丛
第15辑
SUNYO ACADEMIC SERIES IN ACCOUNTING

Ultimate Controlling Shareholder,
Investor Protection and
Accounting Conservatism

终极控制股东、
投资者保护与会计稳健性

肖作平 梁利辉 ◉ 著

东北财经大学出版社
Dongbei University of Finance & Economics Press

大连

图书在版编目（CIP）数据

终极控制股东、投资者保护与会计稳健性 / 肖作平，梁利辉
著. 一大连：东北财经大学出版社，2016.12
（三友会计论丛·第15辑）
ISBN 978-7-5654-2525-7

Ⅰ. 终… Ⅱ. ①肖… ②梁… Ⅲ. 上市公司-会计制度-
研究-中国 Ⅳ. F279.246

中国版本图书馆CIP数据核字（2016）第269051号

东北财经大学出版社出版

（大连市黑石礁尖山街217号　邮政编码　116025）
网　　址：http：//www.dufep.cn
读者信箱：dufep@dufe.edu.cn

大连图腾彩色印刷有限公司印刷　　东北财经大学出版社发行
幅面尺寸：170mm×240mm　字数：164千字　印张：11.5　插页：1
2016年12月第1版　　　　　　　2016年12月第1次印刷

责任编辑：王　莹　吴　茜　　　　　责任校对：那　欣
封面设计：冀贵收　　　　　　　　　版式设计：钟福建

定价：32.00元

教学支持　售后服务　　联系电话：（0411）84710309
版权所有　侵权必究　　举报电话：（0411）84710523
如有印装质量问题，请联系营销部：（0411）84710711

本书的研究得到国家自然科学基金"终极控制股东，投资者保护与会计稳健性"（项目编号:71272140）和国家自然科学基金"终极所有权结构，社会资本与银行贷款契约"（项目编号：71472157）的资助。

三友会计论丛编审委员会

随着我国以社会主义市场经济体制为取向的会计改革与发展的不断深入，会计基础理论研究的薄弱和滞后已经产生了越来越明显的"瓶颈"效应。这对于广大会计研究人员而言，既是严峻的挑战，又是难得的机遇。说它是"挑战"，主要是强调相关理论研究的紧迫性和艰巨性，因为许多实践问题亟须相应的理论指导，而这些实践和理论在我国又都是新生的，没有现成的经验和理论可资借鉴；说它是"机遇"，主要是强调在经济体制转轨的特定时期，往往最有可能出现"百花齐放，百家争鸣"的昌明景象，步入"名家辈出，名作纷呈"的理论研究繁荣期和活跃期。

迎接"挑战"，抓住"机遇"，是每一个中国会计改革与发展的参与者和支持者义不容辞的责任。为此，我们与中国会计学会财务成本分会、东北财经大学会计学院联合创办了一个非营利的学术研究机构——三友会计研究所，力求实现学术团体、教学单位、出版机构三方的优势互补，密切联系老、中、青三代会计工作者，发挥理论界、实务界、教育界三方面的积极性，致力于会计、财务、审计三个领域的科学研究和专业服务，以期为我国的会计改革与发展作出应有的贡献。

三友会计研究所的重大行动之一就是设立了"三友会计著作基金"，用于资助出版"三友会计论丛"。它旨在荟萃名人力作及新人佳作，传播会计、财务、审计研究与实践的最新成果与动态。"三友会计论丛"于1996年推出第一批著作；自1997年起，本论丛定期遴选并分辑推出。

采取这种多方联合、协同运作的方法，如此大规模地遴选、出版会计著作，在国内尚属首次，其艰难程度不言而喻。为此，我们殷切地希望广大会计界同仁给予热情支持和扶助，无论作为作者、读者，还是作为评论者、建议者，您的付出都将激励我们把"三友会计论丛"的出版工作坚持下去，越做越好！

东北财经大学出版社

前言

　　会计信息是公司信息的重要来源。高质量会计信息的重要特征之一是会计稳健性，即会计盈余确认好消息比确认坏消息具有更高的验证要求，从而导致会计盈余反映坏消息比好消息更及时。会计确认好消息和坏消息的这种不对称及时性被称为会计稳健性。会计稳健性具有重要的公司治理作用。因为稳健的会计信息能够及时向股东、债权人等传递信号，缓解信息不对称，有助于降低融资成本，提高融资效率，缓解投资过度与投资不足等问题，从而较好地保护投资者合法利益。21世纪初，安然、世通等重大财务舞弊案的爆发以及全球股市的衰退引起了理论界和实务界对会计信息质量的高度重视。会计稳健性成为学者、投资人、分析师、监管者和财经媒体等关注的重点问题。

　　当前，中国处于经济转轨时期，存在特殊的制度背景，比如股权集中、投资者保护水平不高、经理人市场不健全、接管市场机制薄弱等。终极控制股东与外部投资者之间的代理矛盾成为中国上市公司的主要矛盾。在中国特定的制度背景下，终极控制股东如何影响会计稳健性？投资者保护是否提高了公司披露的会计信息的稳健性？终极控制股东与会计稳健性之间的关系是否以及如何受投资者保护的影响？这些问题是当前中国资本市场发展和公司治理亟待解决的理论和实践问题，也是研究会计稳健性更为现实的视角。

终极控制股东、投资者保护与会计稳健性

纵观相关文献，国内学者对中国上市公司会计稳健性的研究存在的问题表现在以下方面：缺乏对终极控制股东如何影响会计稳健性的理论与实证的全面分析，如金字塔股权结构、金字塔层级、终极控制股东派出董事的席位等对会计稳健性的影响有待进一步考察等；缺乏对投资者保护差异如何影响会计稳健性的研究，如投资者保护水平的时期差异、区域差异等；缺乏对投资者保护与终极控制股东的相互作用如何影响会计稳健性的深入探讨；缺乏对中国上市公司会计稳健性制度背景的深入探究。为此，本书研究终极控制股东、投资者保护及二者的相互作用对会计稳健性的影响。在中国特殊的制度背景下，开展终极控制股东、投资者保护与会计稳健性之间关系的研究具有重要的意义，主要体现在以下方面：第一，剖析终极控制股东的掠夺行为和信息操纵行为，揭示终极控制股东在会计稳健性中的作用机理，有助于增强契约的效率性和帮助投资者进行合理的投资决策，减少信息和代理问题；第二，揭示投资者保护在会计稳健性中的作用机理，寻求有利于提高会计稳健性的制度因素，有助于提高上市公司和证券市场运作的透明度，降低信息披露主体的道德风险和机会主义行为，推动公司治理机制的不断完善，促进证券市场的健康发展；第三，剖析终极控制股东与会计稳健性之间的关系是否以及如何随着投资者保护的变化而变化，探讨提高包括会计稳健性在内的会计信息质量的途径或方法，为提高中国上市公司会计信息质量和透明度、降低信息不对称、优化资本市场资源配置提供经验证据和政策建议。

本书研究内容主要包括五个方面：第一，本书对投资者保护、终极控制股东和会计稳健性三个方面的相关文献进行回顾。通过文献回顾发现，在终极控制股东方面，国内外学者主要从终极控制股东分布、盈余管理、公司价值、会计信息等角度进行了深入研究，为终极控制股东对盈余管理、公司价值、会计信息等的影响提供大量的经验证据。在投资者保护方面，国内外学者主要研究了投资者保护对资本结构、公司价值、融资成本，以及会计信息等方面的影响。在会计稳健性方面，国内外学者重点研究了会计稳健性的度量、会计稳健性的存在性以及会计稳健性的影响因素。研究发现，在终极控制股东、投资者保护与会计稳健性三者之间关系的探讨方面，国外学者对不同法源下不同国家股权结构（包括终极股权结构）与会计稳健性的关系进行了国际比较，但是，未就特定国家投资者保护水平的时期差异和区域差异对会计稳健性的影响进行研究，也未考察投资者保护是否以及如何影响终极控制股东与会计稳健性之间的关系。国内关于终极控制股东、投资者保护与会计稳健性关系的研究存在许多不足，如内容不全面、方法较单一等。第二，本书对中国上市公司会计制度、公司治理特征、资本市场发展状况、投资者法律保护等制度背景进行分析，为解释中国上市公司投资者保护、终极控制股东与会计稳健性的关系提供现实背景和理论依据。研究发现，中国的会计稳健性原则是在中国计划经济向市场经济转化的过程中从国外引入，在中国会计与国际会计接轨和趋同的过程中得到加强。中国独特的制度背景以及由此导致的会计与证券监管是中国会计稳健性得以强化的外在制度原因。虽然中国投资者保护措施不断完善，但是，投资者保护水平总体较低。这些制度背景决定了中国上市公司终极控制股东、投资者保护与会计稳健性之间的关系具有自身特征。第三，从理论上分析了终极控制股东、投资者保护与会计稳健性的关系，并提出研究假设。金字塔股权结构能够在保证权力不被稀释的情况下通过金字塔层级的杠杆作用放大终极控制股东的控制权，实现以较小的现金流量权控制数倍价值的公司，从而增加了终极控制股东的掠夺动机与能力。为了逃避其掠夺行为的法律制裁和社会监督，控制股东通过操纵财务报告过程和信息披露政策掩盖其机会主义行为。因此，金字塔股权结构及受其影响的终极控制股东股权特征（包括金字塔层级、现金流量权、两权偏离度、派出董事等）影响上市公司会计稳健性水平。投资者保护影响股权集中度，是抑制控制股东掠夺行为的重要机制，也是解决会计信息质量问题的重要措施。第四，应用会计稳健性度量模型检验终极控制股东特征（包括金字塔股权结构、金字塔层级、现金流量权、两权偏离度、派出董事等）、投资者保护（包括投资者保护时期差异和区域差异）及二者的相互作用对中国上市公司会计稳健性水平的影响。研究发现，西方国家会计稳健性的影响因素对会计稳健性的作用机理不能完全解释中国会计稳健性状况，中国制度层面贯彻会计稳健性原则对上市公司会计稳健性影响较大；拥有金字塔股权结构的公司比不具有金字塔股权结构的公司的会计稳健性水平更低。终极控制股东的金字塔股权结构安排加剧了终极控制股东与外部投资者之间的代理矛盾；金字塔层级与会计稳健性负相关，即金字塔层级越多的公司会计稳健性越低。这些公司的终极控制股东可能成为及时披露会计信息的阻滞力量。终极控制股东现金流量权对会计稳健性产生负面影响，这一影响主要通过延迟确认损失产生；终极控制股东两权偏离度越大的公司会计稳健性越低。国有终极控制和非国有终极控制两类公司在会计稳健性方面差异较大，例如，与国有终极控制公司相比，非国有终极控制公司金字塔层级对会计稳健性的负面影响更大；国有终极控制股东两权偏离度越大的公司会计越不稳健；在现金流量权方面，与非国有终极控制公司相比，国有终极控制股东持有现金流量权越大的公司延迟确认了好消息和坏消息；终极控制股东派出董事能够在不增加持股的情况下加大对董事会的控制。终极控制股东派出董事代表控制股东利益，派出董事越多，代表债权人、职工等其他公司主体的利益越少；非国有终极控制股东派出董事的政府背景降低了会计稳健性。政府背景是有价值的资源，会带给公司融资便利、税收优惠、降低政府管制等明显的政策好处，从而降低了公司运营管理对稳健会计信息的市场需求。投资者保护在一定程度上提高了会计稳健性；东部地区相对更高的投资者保护水平促进了该地区会计稳健性的提高；但是，中国投资者保护对会计稳健性的促进作用尚未得到充分发挥；随着投资者保护水平的提高，没有充分的证据表明投资者保护降低了金字塔层级、终极控制股东现金流量权、两权偏离度以及终极控制股东派出董事与会计稳健性之间的负相关关系。研究结论肯定了委托代理理论、信息不对称理论和投资者保护理论等对会计稳健性影响因素及作用方向的解释。第五，根据结论，为提高中国上市公司会计信息质量、降低信息不对称、缓解委托代理矛盾、保护投资者利益、优化资本市场资源配置提供政策性建议。

作　者

2016 年 10 月

绪　论

1.1 ——————— 研究背景及研究意义 ———————

1.1.1　研究背景

　　会计稳健性是指财务报表确认"好消息"比确认"坏消息"需要更高的可验证性，从而导致盈余反映"坏消息"比"好消息"更及时（Basu，1997）。会计稳健性是会计确认与计量的一项基本原则。会计确认收益比确认损失的可验证性要求更高，导致会计盈余反映损失比收益更及时，学术界将会计确认收益和损失的不对称及时性称为会计稳健性。会计准则规定，公司在不确定性情况下估计可能发生的损失，不估计可能发生的收益，导致经济损失比经济收益在会计盈余中得到更及时的确认。会计稳健性在会计实务和公司治理中发挥着重要作用。Sterling 早在 1967 年就强调了会计稳健性对会计计量的重大影响。在实务中，会计稳健性至少有 500 年的历史（Basu，1997）。随着市场尤其是资本市场的国际化，以及市场对会计信息的需求，会计稳健性越来越受重视。自 1992 年首次被引入中国以来，会计稳健性一直是中国会计准则的重要内容。尽管会计稳健性在会计实务中至少有 500 年的历史，但是会计稳健性研究始于 20 世纪末

（Basu，1997）。学术界对会计稳健性的研究远不及会计实务的历史悠久。1993年Watts建议系统研究会计稳健性，此后，会计稳健性受到理论界和实务界的广泛关注。21世纪初，安然、世通等重大财务舞弊案的爆发，以及全球股市的衰退掀起了会计稳健性的研究热潮。当时全球股市的低迷归因于盈余质量的低下和信息透明度的匮乏。事实上，会计稳健性作为盈余质量的一个重要属性，不仅是学者们争论的热点，而且是投资者、分析师、监管者和财经媒体关注的问题。Basu（1997）、Ball和Shivakumar（2005）等对会计稳健性度量难题的突破推进了会计稳健性研究的深度与广度，会计稳健性的影响因素、公司治理作用、信号传递机制等成为学术研究的前沿话题。Ball et al.（2000）研究指出，会计稳健性有助于降低融资成本、提高融资效率、监督管理者机会主义行为、缓解投资过度与投资不足等问题。Ahmed et al.（2000）和Watts（2003a，2003b）等研究发现，稳健的会计信息能够及时向股东、债权人传递信号，缓解信息不对称，保护投资者合法权益。

　　学者们广泛研究了所有权结构对会计稳健性的影响，取得了丰硕的研究成果。但是，这些研究着眼于直接所有权，如大股东、管理层、机构投资者等直接持股对会计稳健性的影响（Lafond和Roychowdhury，2008；Haw et al.，2010；Ramalingegowda和Yu，2011）。现有文献追溯终极控制股东控制链，探讨终极控制股东对会计稳健性影响的研究较薄弱。自La Porta et al.（1999）开创性地研究世界各国终极控制股东以来，众多研究认为，除英美等国家股权相对分散外，现代公司股权主要集中在家族或政府等终极控制股东手中（Claessens et al.，2000；Lins，2000；Faccio和Lang，2002）。股权集中在一定程度上缓解了股东与经理人之间的代理冲突（第一类代理问题），增加了终极控制股东与外部投资者（小股东/债权人）之间的代理矛盾（第二类代理问题）。第二类代理问题成为现代公司治理的主要问题，吸引了国际顶尖学者的广泛研究（如Faccio et al.，2001；Claessens et al.，2000；LaPorta et al.，2002；Claessens et al.，2002；Fan和Wong，2002；Lemmon和Lins，2003；Beekes et al.，2004；Haw et al.，2004等）。这些研究提供的经验证据表明，终极控制股东通过各种股权措施和人事任免等非股权措施加大对上市公司的控制，获得丰厚的控制权私利。由于终极控制股东与中小股东的利益函数不对等，信息不对称，中小股东合法权益被终极控制股东掠夺的问题非常严重。在投资者保护较弱的国家和地区，这种掠夺更为严重。为了隐藏其掠夺行为，终极控制股东操纵会计信息，发布虚假财务报告，加快确认好消息，延迟确认坏消息，进而影响会计稳健性。因此，追溯终极股权结构能更好地揭示终极控制股东及其行为对会计信息质量的影响。

　　另外，较差的公司治理被认为是导致东亚地区融资问题的一个重要原因。1997 年亚洲金融危机之后，加强公司治理成为亚洲政府和国际组织（如世界银行和货币基金组织）的重要任务。促进良好公司治理的一个核心问题是如何保护投资者利益，缓解终极控制股东和外部投资者之间的利益冲突。投资者保护问题是公司治理的核心问题之一，也是公司治理所要实现的基本目标。它源于代理问题，核心内容是防止内部人（控制股东/管理者）对外部投资者的掠夺。随着法与金融的发展，投资者保护、监管政策、金融发展水平等外部治理机制对公司政策的影响越来越受重视。Doidge et al.（2004）研究表明，投资者保护在很大程度上影响公司治理行为和信息披露行为；在投资者保护较弱的国家，法律与制度所提供的投资者保护比公司自身治理水平的改善更为有效。Nenova（2003）研究发现，完善的投资者保护降低了控制股东可能从中攫取的利益额度。Leuz et al.（2003）指出，控制股东的盈余管理在完善的投资者保护下会降低，因为控制股东的掠夺能力在完善的法律保护下受到更多限制，通过盈余管理掩饰公司业绩的动机更小。Ball et al.（2000）和 Leuz et al.（2003）认为一国的法律和制度环境影响报告收益的属性。一个高质量的法律系统要求高质量的财务会计信息与之匹配。法律体制保护投资者不仅通过授予投资者惩戒内部人的权利（如替换经理），而且通过实施限制内部人私有控制收益的契约来实现。因此，有效保护外部投资者的法律体制降低了内部人隐藏行为的需求，减少其操纵会计信息的可能性，进而提高会计稳健性。

　　同时，中国正处于经济转轨时期，由于历史和体制等原因，存在特殊的制度背景。主要体现在：第一，中国的投资者保护不健全，中国的法律体制发展并不比其他主要新兴市场国家超前，并且明显比英国法系国家落后。第二，与英美分散的股权结构不同，中国上市公司的股权高度集中，且大量集中在产权残缺、行政负担严重的国家股股东手中，大部分公司被终极控制股东控制，管理者很少或没有从股权控制中分离出来。第三，中国的接管市场、经理人市场等外部治理机制弱化，在公司治理中不能发挥应有的作用。中国缺乏健全的投资者保护和其他外部治理机制（如接管市场，经理人市场等），进一步加剧了终极控制股东与外部投资者之间的代理冲突和信息不对称问题。因此，在中国特有的制度背景下，为了揭示终极控制股东、投资者保护对会计稳健性的作用机理，我们有必要回答以下问题：第一，如何构建适合中国上市公司会计稳健性的度量模型？第二，终极控制股东如何影响会计稳健性？第三，投资者保护是否有助于提高会计稳健性？第四，终极控制股东与会计稳健性之间的关系是否以及如何受投资者保护的影响？这些无疑是中国证券市场发展过程中亟待回答和解决的理论和实践问题，探讨这些问题使会计稳健性的研究转向更为现实的视角。信息和代理问题阻碍了资源的有效配置，而会计稳健性和投资者保护是减少信息和代理问题的重要机制。改善投资者保护机制和增强会计稳健性能提高财务报告质量，促进证券市场资源的有效配置。

1.1.2 研究意义

本书立足于中国特有的制度背景，构建一个描述终极控制股东、投资者保护与会计稳健性之间关系的理论框架，探讨适合中国上市公司会计稳健性的度量模型，并利用大量经验数据实证检验终极控制股东、投资者保护如何影响会计稳健性，以及投资者保护如何影响终极控制股东与会计稳健性之间的关系。通过对上述问题的研究，我们能够全面系统地认识和把握终极控制股东、投资者保护对会计稳健性的作用机理，揭示终极控制股东行为，寻求有利于提高会计稳健性的制度因素，提升我们对会计稳健性如何受终极控制股东和投资者保护影响的理解，拓展和充实现有的研究，丰富和完善会计理论体系。

在中国特殊的制度背景下，开展终极控制股东、投资者保护与会计稳健性之间关系研究具有重要的学术价值和应用价值，主要体现在：第一，剖析终极控制股东的掠夺行为和信息操纵行为，揭示终极控制股东在会计稳健性中的作用机理，有助于增强契约的效率性和帮助投资者进行合理的投资决策，减少信息和代理问题，实现资源优化配置；第二，揭示投资者保护在会计稳健性中的作用机理，剖析终极控制股东与会计稳健性之间的关系是否以及如何随着投资者保护的变化而变化，寻求有利于提高会计稳健性的制度因素，有助于提高上市公司和证券市场运作的透明度，降低信息披露主体的道德风险和机会主义行为，推动公司治理机制的不断完善，促进证券市场的健康发展；第三，探讨会计稳健性问题研究的新方法、新思路，拓展和充实现有的研究，提升我们对会计稳健性如何受掠夺风险和制度因素影响的理解，丰富和完善会计理论体系。

1.2 研究的主要内容与研究框架

本书在回顾会计稳健性相关研究的基础上，分析了中国上市公司会计稳健性产生和发展的制度背景，根据会计稳健性理论并结合中国制度环境，构建终极控制股东、投资者保护与会计稳健性的研究框架，理论分析终极控制股东、投资者保护机制，以及二者的相互作用对会计稳健性的影响，并进行实证检验。最后根据理论和实证研究结果，为中国上市公司包括会计稳健性在内的会计信息质量和透明度的提高、政府部门会计制度制定和监管、资本市场信息不对称和投资者保护问题等提出政策性建议。主要内容如下：

第1章绪论。论述本书研究背景、研究意义、主要内容、理论基础、研究框架、研究方法，以及研究创新。

第2章研究综述。分别对国内外投资者保护、终极控制股东和会计稳健性三个方面的相关文献进行回顾。通过文献回顾发现，在终极控制股东方面，国内外学者主要从终极控制股东分布、盈余管理、公司价值、会计信息等角度进行了深入研究，为终极控制股东对盈余管理、公司价值、会计信息等的影响提供大量的经验证据。在投资者保护方面，国内外学者主要研究了投资者保护对资本结构、公司价值、融资成本，以及会计信息等方面的影响。在会计稳健性方面，会计稳健性的度量、会计稳健性的存在性，以及会计稳健性的影响因素是国内外学者研究的重点内容。文献回顾还发现，在终极控制股东、投资者保护与会计稳健性三者之间关系的探讨方面，国外学者对不同法源下不同国家股权结构（包括终极股权结构）与会计稳健性的关系进行了国际比较，但是，未对特定国家投资者保护水平的时期差异和区域差异对会计稳健性的影响进行研究，也未考察投资者保护是否以及如何影响终极控制股东与会计稳健性之间的关系。国内关于终极控制股东、投资者保护与会计稳健性关系的研究存在许多不足，如内容不全面，方法较单一等。

第3章制度背景分析。本章对中国上市公司会计制度、公司治理特征、资本市场发展状况、投资者法律保护等制度背景进行分析，为解释中国上市公司投资者保护、终极控制股东与会计稳健性的关系提供现实背景和理论依据，有利于深入了解投资者保护和终极控制股东对会计稳健性的影响背景后面的经济力量。研究发现，中国的会计稳健性原则是在中国计划经济向市场经济转化的过程中从国外引入，在中国会计与国际会计接轨和趋同的过程中得到加强。中国独特的制度背景以及由此导致的会计与证券监管是中国会计稳健性得以强化的外在制度原因。虽然中国投资者保护措施不断完善，但是，投资者保护水平总体较低。这些制度背景决定了中国上市公司终极控制股东、投资者保护与会计稳健性之间的关系具有自身特征。

第4章终极控制股东与会计稳健性研究。本章理论分析和实证检验了终极控制股东对会计稳健性的影响。研究发现，拥有金字塔股权结构的公司比不具有金字塔股权结构公司的会计稳健性水平更低；终极控制股东的股权结构安排加剧了终极控制股东与外部投资者之间的代理矛盾；金字塔层级与会计稳健性负相关，即金字塔层级越多的公司会计稳健性越低；与国有终极控制公司相比，非国有终极控制公司金字塔层级对会计稳健性的负面影响更大；在终极控制股东两权偏离度与会计稳健性的关系方面，与非国有终极控制股东相比，国有终极控制股东两权偏离度越大的公司会计越不稳健；在现金流量权方面，国有终极控制股东的现金流量权延迟确认损失。终极控制股东两权偏离度越大的公司会计稳健性越低。研究认为，金字塔股权结构能够在保证权力不被稀释的情况下通过金字塔层级的杠杆作用放大终极控制股东的控制权，实现以较小的现金流量权控制数倍价值的公司，增加了终极控制股东对中小股东的剥夺能力和动机。为了逃避法律制裁和社会监督，控制股东可能通过操纵财务报告过程和信息披露政策掩盖其机会主义行为。因此，金字塔股权结构及受其影响的终极控制股东股权特征（包括金字塔层级、现金流量权、两权偏离度、派出董事等）影响上市公司会计稳健性水平。

第5章投资者保护与会计稳健性研究。本章理论分析和实证检验了投资者保护对终极控制股东的影响。研究发现，投资者保护与会计稳健性之间的关系受投资者保护时期和区域差异的影响。东部地区投资者保护提高了该地区会计稳健性。研究认为，中国的投资者保护在一定程度上提高了会计稳健性，但是，中国投资者保护水平总体较低，投资者保护对会计稳健性的促进作用尚未得到充分发挥。进一步改善中国投资者保护措施是提高会计稳健性，降低信息不对称的重要手段。

第6章投资者保护对终极控制股东与会计稳健性关系的影响研究。本章理论分析和实证检验了投资者保护对终极控制股东与会计稳健性关系的影响。研究发现，随着投资者保护水平的提高，没有充分证据表明投资者保护水平的提高降低了金字塔层级与会计稳健性之间的负相关关系。终极控制股东现金流量权与会计稳健性之间负相关关系受投资者保护的影响不显著。但是，投资者保护降低了终极控制股东的两权偏离度及其派出董事与会计稳健性之间的负相关关系。研究认为，中国投资者保护措施对终极控制股东的机会主义行为的制约力有待提高。本章的研究结论肯定了委托代理理论、信息不对称理论和投资者保护理论等建议的会计稳健性影响因素及作用方向。

第7章主要研究结论与政策建议。总结本书的主要结论，并根据结论为提高中国上市公司会计信息质量、降低信息不对称、缓解委托代理矛盾、保护投资者利益、优化资本市场资源配置提供政策性建议。同时分析了研究创新及研究局限。

本书的整体研究框架如图1-1所示。

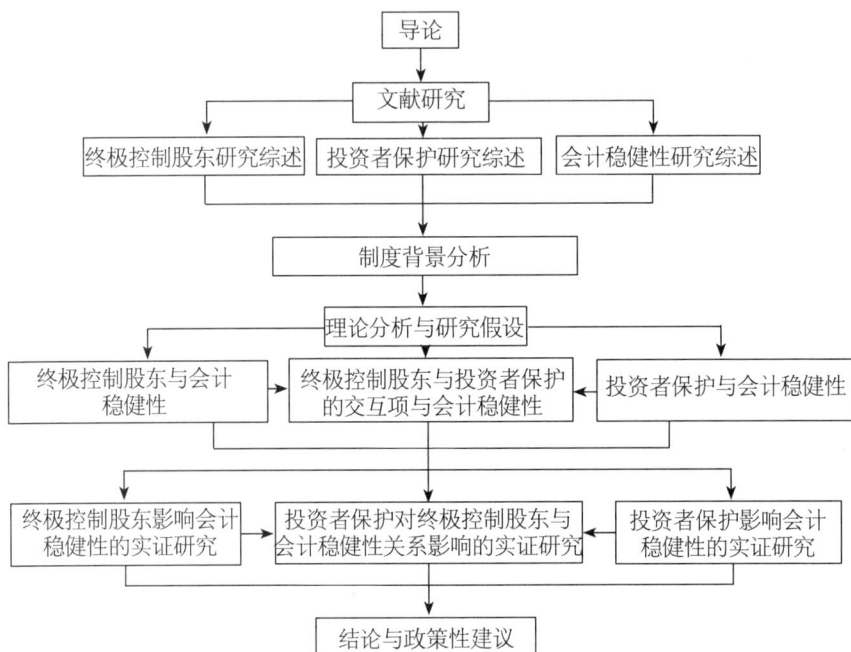

图 1-1　本书的研究框架

1.3 ———— 理论基础、研究方法及技术路线 ————

1.3.1　理论基础

会计稳健性不仅成为会计确认和会计计量遵循的基本准则，而且是重要的公司治理机制之一。众多公司治理理论已被用于解释会计稳健性水平的选择。自1932年Berle和Means提出公司治理结构概念以来，学者们从不同角度对公司治理理论进行了研究，如两权分离理论、委托代理理论、契约理论、信息不对称理论、投资者保护理论等。学者们运用这些理论从不同角度解释影响会计稳健性水平选择的现实因素，如诉讼、监管、契约效率、信息不对称、税收等。

委托代理理论是诠释会计稳健性的重要理论。该理论对会计稳健性的解释着重于股权分散和股权集中两种情形下股东、经理人、债权人之间的委托代理冲突。Berle 和 Means 通过对美国 200 家大公司的研究，认为现代公司股权分散。随着股权分散和管理专业化程度的提高，经理拥有专业管理知识，垄断了专门经营信息，从而实际上拥有公司控制权，导致两权分离。股权分散下公司治理的主要问题表现为股东与经理人之间的委托代理矛盾，即第一类代理问题。由于股东与经理人利益不对等，经理人可能采取违背股东价值最大化目标的在职消费或"帝国建造"行为。股东为了监督和控制经理人机会主义行为，需要稳健的会计信息及时确认损失、延迟确认收益，及早发现损失产生的原因，抑制经理人侵蚀动机和行为。因此，第一类代理问题表明，股东基于监管目的具有会计稳健性需求，这一需求的多少影响会计稳健性水平的高低。在集中的股权结构下，委托代理理论认为，股东与经理人之间的委托代理矛盾被缓解，公司的主要矛盾表现为大股东与中小股东之间的代理冲突。大股东控制权产生掠夺公司资源和中小股东利益的动机和能力，保护投资者利益成为公司治理的核心。中小股东需要稳健的会计信息保护自身合法权益。会计稳健性成为提高公司治理效率的机制之一。

　　解释会计稳健性的另一个理论是契约理论。契约理论对会计稳健性的解释源于会计数据是契约制定和执行的基础。不管是债务契约、销售契约还是薪酬契约，会计数据的真实性和可靠性影响契约制定和执行效率。由于契约各方利益不对等，对会计及时确认损失，延迟确认收益的需求不同。会计稳健性水平是契约主体博弈的结果。学者们主要从契约成本、契约风险、市场信号等方面研究契约对会计稳健性的影响。其中，债务契约对会计稳健性的选择在理论和实务界受到广泛关注。

　　信息不对称理论是解释会计稳健性的另一个重要理论。该理论指出，在市场经济活动中，各市场主体拥有的信息量和信息及时性存在差异，掌握信息越多和越及时的主体往往处于更有利的地位。在公司各利益主体中，公司内部人拥有信息优势。信息不对称性导致稳健会计的产生和发展。会计稳健性准则规定在不确定性情况下确认经济收益的可验证性要求高于经济损失，导致经济损失比经济收益在会计盈余中得到更及时的确认。稳健的会计能够抑制内部人高估收益、低估损失的机会主义行为，发

9

挥降低信息不对称的作用。

投资者保护理论对会计稳健性的解释受到众多学者关注，形成了两类不同的观点。一类观点认为，投资者保护与会计稳健性是互补关系，强调提高投资者保护水平对提高会计稳健性的重要性（如 Ball et al.，2000；Lobo 和 Zhou，2006；Bushman et al.，2006；Lara et al.，2009等）。尤其是在经济欠发达地区，投资者保护对提高会计信息相关性和可靠性尤为重要（Fan 和 Wong，2002；Haw et al.，2010）。如 1997 年东亚金融危机之后，由于该地区缺乏提高会计信息质量的制度和法律环境，财务信息质量和透明度并未因为高质量会计准则的引入而被改善（Ball et al.，2003）。契约对会计稳健性的需求是以良好的投资者保护为前提的（Bushman 和 Piotroski，2006）。另一观点认为，投资者保护与会计稳健性是替代关系，会计稳健性是弱投资者保护的替代机制。在投资者保护较弱的国家或地区，公司提供更稳健的会计信息，以提高公司声誉和市场对公司的估价。这些理论从不同的角度对会计稳健性水平的选择、影响因素，以及经济作用等进行了诠释，是会计稳健性相关研究的起点和重要依据。

1.3.2　研究方法

本研究是一项多学科交叉的研究，将综合运用会计学、制度经济学、公司治理学、计量经济学和法学等相关学科所采用的前沿研究手段。本项目主要采用规范研究与实证研究相结合的研究方法。具体的研究方法包括：

（1）文献研究。我们首先需要广泛收集和阅读国内外相关研究文献，全面掌握国内外相关研究领域的最新动态和研究现状，厘清相关领域的研究脉络，界定本项目研究的增量贡献。

（2）比较研究。本项目将比较分析各种会计稳健性度量模型的前提假设、数据要求和优缺点，并结合中国的实际情况对相关的度量模型进行修正，探讨适合中国上市公司会计稳健性的度量模型。

（3）基于公司治理理论、会计理论、制度经济学和法学的理论分析。本研究拟结合中国制度背景，以终极控制股东与外部投资者之间的代理冲突和信息不对称问题为切入点，理论推演终极控制股东、投资者保护与会计稳健性之间的关系，提出研究假设。

（4）基于计量经济学的实证分析。本项目将根据理论分析结果，采用大样本研究，构建计量经济模型实证检验终极控制股东、投资者保护如何影响会计稳健性，以及投资者保护如何影响终极控制股东与会计稳健性之间的关系。

会计稳健性理论和实证研究主要集中在三个方面：一是会计稳健性的度量，二是会计稳健性的影响因素，三是会计稳健性的经济后果。

（1）会计稳健性度量的研究方法主要有两种：第一种是横截面回归分析（如 Basu，1997；Beaver 和 Ryan，2000；Ball 和 Shivakumar，2005 等），这种方法通过构建或利用会计稳健性模型，对特定国家会计稳健性进行度量，以确定该国会计是否稳健及稳健水平。同时，对不同国家或地区的会计稳健性水平进行横向比较（如 Archambault 和 Archambault，2003；Choi，2007；Frankel 和 Roychowdhury，2008；Khan 和 Watts，2009 等）。第二种是时间序列分析。

（2）会计稳健性影响因素的研究方法以会计稳健性为被解释变量，以公司特征（包括公司规模、杠杆水平、成长性、行业等）、公司治理因素（例如董事会特征、股权结构、机构持股等），以及制度因素（例如契约、诉讼、监管和税收等）为解释变量，建立回归方程进行回归分析。

（3）会计稳健性经济后果的研究往往采用多元回归分析法，如 LaFond 和 Watts（2008）对会计稳健性降低信息不对称的研究，Wang et al.（2010），Wang（2013），王冲和谢雅璐（2013），以及于忠泊等（2013）等对会计稳健性的市场信号作用的研究，Ball et al.（2000），Bushman 和 piotroski（2006），Lara et al.（2009）等对会计稳健性公司治理作用的研究都采用的这种方法。

1.3.3　技术路线

根据研究内容、研究目标、关键问题和研究方法，本项目的研究技术线路可归纳为三个阶段、九个步骤。

三个阶段：研究准备阶段（或问题提出阶段）——确立研究框架、进行研究阶段——归纳形成结论、提出政策建议阶段。

九个步骤：

（1）文献搜集与研究。搜集国内外有关终极控制股东、投资者保护和会计稳健性等相关文献，并对其进行整理分析。

（2）建立研究框架。在对文献进行研究的基础上，建立相应的研究分析框架。

（3）理论分析。在分析代理冲突、信息不对称、契约理论和投资者保护等基础上，搭建一个描述终极控制股东，投资者保护与会计稳健性之间关系的理论框架。

（4）提出研究假设。在理论分析的基础上，提出可供实证检验的研究假设。

（5）会计稳健性度量模型研究。梳理和比较各种会计稳健性度量模型，分析各种模型存在的问题和前提假设，构建适合中国上市公司的会计稳健性度量模型。

（6）实证模型研究。基于计量经济分析，构建大样本研究的实证检验模型。

（7）选择研究样本和收集整理数据。第一，从 CCER 和 CSMAR 等数据库收集相关数据；第二，从上市公司的年度报告中收集相关数据；第三，从公司年报补充数据、几大门户网站，以及财经专业网站中收集相关数据；第四，从相关统计年鉴中收集相关数据。

（8）开展实证研究。根据确定的研究样本和收集整理的相关数据，选择和运用适当的研究方法，对所提出的研究假设进行实证检验。

（9）归纳形成结论，提出政策建议。在对实证研究所得出的结果进行分析的基础上，进行合理的归纳，形成项目的主要研究结论，并提出相应的政策建议。

本研究的技术路线如图1-2所示。

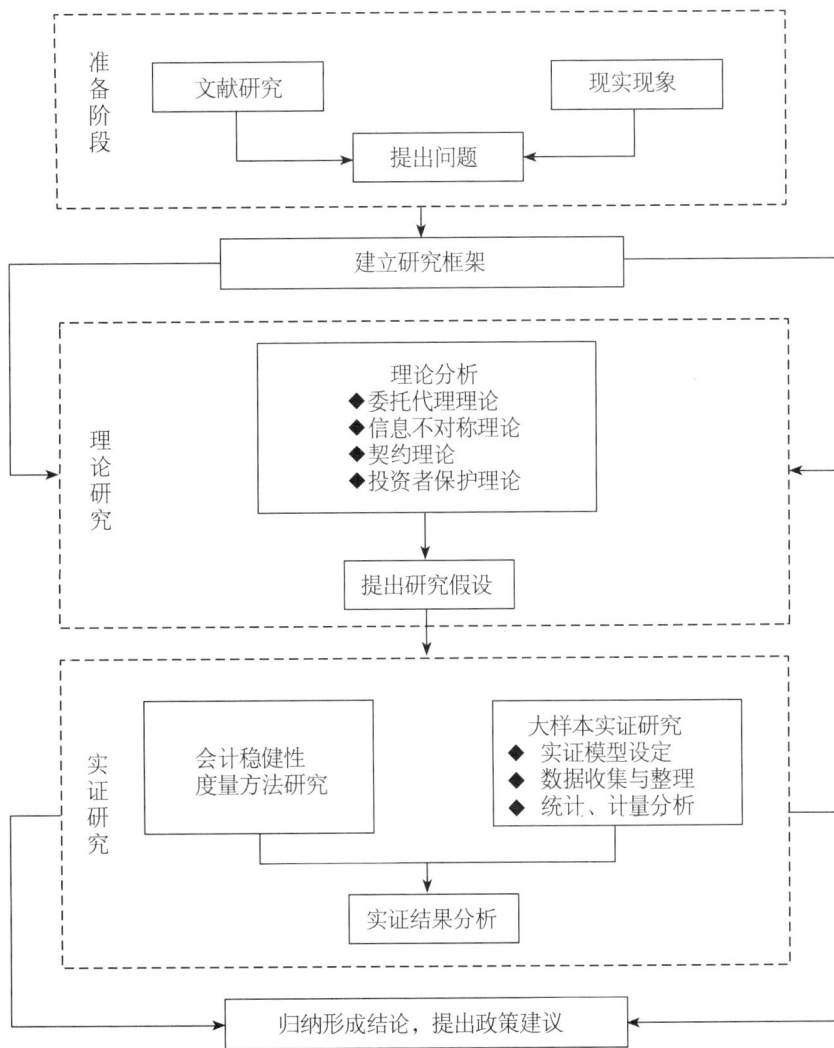

图 1-2　研究技术路线

1.4 ——————————研究创新——————————

本书在继承前人的研究基础上，对终极控制股东、投资者保护，以及二者的相互作用对会计稳健性的影响进行全面且系统的研究。研究创新主

13

要体现在以下方面：

（1）在理论思想上，本书从投资者保护和终极控制股东视角开展会计稳健性研究，搭建一个描述终极控制股东、投资者保护与会计稳健性之间关系的理论框架，探讨终极控制股东、投资者保护及二者相互作用对会计稳健性的影响，探讨会计稳健性研究的新思想、新视角，拓展和充实现有的研究，丰富和完善会计理论体系。

（2）从投资者保护水平的区域差异、时期差异，以及投资者保护对终极控制股东行为的影响等视角对会计稳健性进行了解释，提供了投资者保护对会计稳健性影响问题研究的另一种思路和现实背景，从财务信息视角更深入地认识中国投资者保护制度效率，有助于加强公司治理和资本市场投资者保护机制建设。

（3）从纵向股权结构研究终极控制股东派出董事及董事政府背景对会计稳健性的影响，提供了从董事会视角研究会计信息质量的新思路。研究发现终极控制股东派出董事和非国有终极控制股东派出董事政府背景都显著降低了会计稳健性。研究得到其他一些新的证据，如与不具有金字塔股权结构的公司相比，具有金字塔股权结构的公司的会计稳健性更低；在我国现行制度背景下，我国上市公司终极控制股东青睐金字塔股权结构安排以实现控制目的，但是国有和非国有终极控制股东实现控制目的的动机不同。

◗▶ 第 2 章 ◀◖

研究综述

2.1 ———— **终极控制股东研究综述** ————

2.1.1　终极控制股东概况

La Porta et al.（1999）开创性地研究了全球终极控制股东状况。他们选取世界27个经济发达国家（即股东权益法律保护较好的12个国家和股东权益法律保护较差的15个国家）的公司为样本，研究发现，在20%的投票权阈值下，只有英国、日本和美国的广泛持有型公司所占比例较高，在80%以上。其他国家的公司股权集中，普遍存在终极控制股东，其中：阿根廷、中国香港、奥地利、比利时、希腊、以色列、墨西哥和葡萄牙8个国家和地区的股权集中度高，广泛持有型公司所占比例在10%以下；新西兰、挪威、新加坡、意大利、荷兰、瑞典六国广泛持有型公司所占的比例也仅在20%与30%之间。他们进一步研究终极控制股东的类型发现，家族控制型公司是非广泛持有型公司中的典型代表，在20%的投票权阈值下，大公司样本中家族控制型公司占比均值为30%，其中，阿根廷、中国香港、比利时、希腊和以色列5个国家和地区的家族控制型公司所占比例在50%及以上，新加坡、丹麦、葡萄牙、瑞典和瑞士家族控制型公司所占比例在30%与50%之间，家族控制型公司所占比例最高的国家是墨西哥，全部为家族控制，英国、日本和澳大利亚家族控制型公司所占比例较低，都在5%以下。La Porta et al.（1999）研究发现，国家控制型公司虽然所占比例较低，但也是非常典型的一类非广泛持有型公司。在20%的投票权阈值下，世界27个国家或地区中国家控制型公司所占比例的均值为18%。其中，所占比例最高的是奥地利（70%），挪威、新加坡、西班牙、芬兰、希腊、以色列和意大利，所占比例在30%与50%之间。Claessens et al.（2000）研究了9个东亚国家及地区的终极控制股东状况。研究发现，不论是在20%还是在10%的投票权阈值下，除日本外，其他8个国家或地区的公司都以家族终极控制为主。其中，在20%的投票权阈值下，中国香港、印度尼西亚、马来西亚、新加坡和泰国5个国家和地区的家族控制型公司所占比例都在55%以上，韩国、菲律宾和中国台湾在44%以上，日本的家族控制型公司所占比例最低，仅为9.7%。在10%的阈值下，韩国和中国台湾家族控制型公司的比例都有显著增加；泰国和马来西亚家族控制型公司比例有所降低，但降低幅度较小。Fan和Wong（2002）对东亚7个国家和地区（中国香港、印度尼西亚、马来西亚、新加坡、韩国、中国台湾和泰国）的研究得到与Claessens et al.（2000）的研究基本一致的结论，表明这些国家或地区股权集中度高，终极股权主要集中在家族控制人手中。Faccio和Lang（2002）对13个西欧国家进行了研究，他们指出公司普遍存在终极控制股东，其类型以家族为主。在20%的投票权阈值下，家族控制型公司所占比例的均值为44.29%。除了英国和爱尔兰以广泛持有为主外，欧洲大陆的其他国家的公司以家族控制为主。13个国家中7个国家（即澳大利亚、比利时、法国、德国、意大利、葡萄牙和西班牙）家族控制型公司所占比例超过了50%，芬兰、瑞典和瑞士所占比例在40%与50%之间，余下的挪威、爱尔兰和英国所占比例分别为38.55%、24.63%、23.68%。国家控制型公司所占比例的均值较低，为4.14%。Aldrighi（2007）研究了巴西1997—2002年公司的终极所有权状况。统计数据表明巴西广泛持有型公司较少，家族控制型公司在非广泛持有公司中所占比重最大，超过了50%。其次，外资控股型公司所占比重较大。Chernykh

（2008）以俄罗斯 2000—2002 年间 145 个公司 435 个公司·年（firm-year）
为样本，研究发现俄罗斯的公司股权结构非常不透明，众多公司表面上是
广泛持有型，而实质上存在终极控制股东，只是无法追溯而已。他们研究
发现，在 25% 的控制水平下，有 84.6% 的公司存在终极控制者，即使在
50% 的控制水平下，也有接近一半的公司存在终极控制者。其中，国家控
制型公司所占比重最高，在 25% 和 50% 的投资权阈值下，占比分别达到
57.5% 和 37%，其次是匿名型终极控制公司。

　　国内的研究表明，中国上市公司普遍存在终极控制股东（如 Chen et
al.，2010；Fan et al.，2012；刘芍佳等，2003；叶长兵和郭萍，2010 等）。
甄红线等（2008）对截至 2006 年底 1 336 家中国上市公司的研究发现，在
中国上市公司中，国家与自然人是最主要的终极控制股东，金融组织和境
外投资者发挥的作用微小。在 20% 的投票权下，89.02% 的上市公司存在终
极控制者，其中，国家控制型公司占 59.73%，境内自然人占 27.47%。自
然人作为终极控制股东控制了四分之一以上的上市公司，说明中国上市公
司在民营化的道路上已经迈出了重要的一步。并且，终极控制股东持股比
例较高。刘芍佳等（2003）研究 2001 年的中国上市公司发现，平均而
言，每个上市公司的最大股东持有该公司约 44% 的股份。叶勇等（2005）
研究发现，2003 年中国上市公司终极控制股东持股比例均值为 37.84%。
甄红线和史永东（2008）以 20% 为阈值进行统计发现，2005 年中国上市公
司终极控制股东持股比例为 32.61%，其中，国有终极控制股东达到
37.65%，远高于 La Porta et al.（1999）研究发现世界 27 个国家相应平均指
标为 18.33% 的股权集中度。

　　上述国内外的研究表明，除了英国、美国、日本等极少数国家外，其
他国家的公司普遍存在终极控制股东，股权集中在以家族或国家为主的终
极控制股东手中。

　　终极控制股东主要通过金字塔结构进行控制（La Porta et al.，1999；
Aldrighi，2007；Chernykh，2008）。金字塔结构是指一家公司持有另一家
公司的主要股份，而另一家公司又持有第三家公司的主要股份，这一过程
可以重复多次进行。La Porta et al.（1999）研究发现，在拥有终极控制股
东的样本公司中，有 26% 的公司通过金字塔结构方式进行控制，其中，比

17

例最高的国家是比利时（79%），其次是以色列（53%）和瑞典（53%），新加坡、澳大利亚、德国和葡萄牙四国的比值都在40%以上。La Porta et al.（1999）还研究发现，股东权益法律保护健全程度对金字塔结构有影响，其中，股东权益法律保护健全的12个国家通过金字塔结构控制的公司占样本公司的18%，而股东权益法律保护不健全的15个国家占比为31%。研究认为，健全的法律保护对终极控制股东采用金字塔结构的控制行为有约束作用。Claessens et al.（2000）研究发现，东亚地区金字塔股权结构公司广泛存在，其中，占比最大的是印度尼西亚，达到66.9%，其次是新加坡（55%）和中国台湾（49%）。Faccio 和 Lang（2002）研究发现，西欧地区的样本公司中近20%的公司采用金字塔结构，其中最高的是挪威（33.90%），其次是比利时（25.00%）和德国（22.89%），最低的是芬兰（7.46%）。BAldrighi（2007）对巴西的研究发现，50%左右的公司通过金字塔结构控制，虽然1997—2002年间呈现下降趋势，但仍旧是终极控制股东加强控制的重要手段。金字塔结构也是俄罗斯（Chernykh，2008）和马来西亚的公司（Bany-Ariffin et al.，2010）终极控制股东加强控制的主要形式。

同股不同权是公司的终极控制股东加强控制的另一重要手段。La Porta et al.（1999）研究发现，27个国家的样本公司中平均18.56%的资本控制着20%的投票权，其中，股东权益法律保护健全的12个国家平均19.65%的资本控制着20%的投票权，股东权益法律保护不健全的15个国家平均17.69%的资本控制着20%的投票权。同股不同权现象最严重的是瑞典、西班牙和丹麦。Faccio 和 Lang（2002）对13个西欧国家的研究发现，虽然西欧的一些国家禁止发行二元化股份或限制发行二元化股份的比例，但是，这一限制并未有效抑制两权偏离度。例如，瑞典和芬兰规定了最低投票权限额，却表现出比其他国家更大的所有权与控制权的分离度。

交叉持股是终极控制股东加强控制的方式之一。交叉持股指一个公司沿着控制链进一步持有同一集团内另一公司的股份（Claessens et al.，2000）。La Porta et al.（1999）研究发现，除瑞典和德国等少数国家外，其他国家的公司较少采用交叉持股方式。在20%投票权阈值下，世界上27

个国家或地区中采用交叉持股的公司仅占 3.15%。同时一个有趣的发现是，有法律限制交叉持股控制的国家交叉持股现象更普遍。以德国为例，该国法律限制交叉持股，但该国通过交叉持股控制公司的比例是 27 个样本国家或地区中最高的，达到 20%。Claessens et al.（2000）研究发现东亚地区采用交叉持股的公司占 10.1%。Chernykh（2008）研究发现，俄罗斯在 50% 的投票权阈值下，采用交叉持股的公司比例为 6%，其中私人控制公司较多采用此方式。

成为公司唯一控制者是终极控制股东加强控制的另一方式。Faccio 和 Lang（2002），Claessens et al.（2000）将公司第二大股东限定为至少持有 10% 投票权的股东，如果不存在这样的股东，就称公司为唯一控制型公司。唯一控制型公司的第一大股东因为不受其他势力较大股东的影响，很容易控制董事会从而加强公司控制。如果存在这样的第二大股东，第一大股东对公司的控制易受第二大股东的制衡。在 20% 的投票权阈值下，Claessens et al.（2000）研究发现东亚 9 个国家和地区非广泛持有型公司中有 67.8% 的公司是唯一控制型公司。Faccio 和 Lang（2002）研究指出，西欧国家非广泛持有型公司中有 53.99% 是唯一控制型公司。

公司所有者参与管理是指所有者成为公司的总裁或董事会主席、名誉主席或副主席。大量的研究发现，家族控制型公司的家族成员参与公司管理十分普遍。La Porta et al.（1999）研究发现，在 20% 的投票权阈值下，世界上 27 个国家的样本公司中平均有 69% 的家族控制型公司的家族成员参与公司管理，其中，澳大利亚、加拿大、日本、意大利和瑞士达到 100%。Claessens et al.（2000）研究发现，东亚地区所有者参与管理公司的占 57.1%，其中，日本、印度尼西亚、马来西亚、韩国、中国台湾超过 70%。

2.1.2 终极控制股东与盈余管理

终极控制股东通过金字塔结构、交叉持股、同股不同权、参与管理等方式实现对公司的绝对控制（La Porta et al.，1999；Aldrighi，2007；Chernykh，2008）。绝对控制权使得控制股东有能力和动机进行盈余管理（Kim 和 Yi，2006；Burgstahler et al.，2006；Wang 和 Lin，2008），激化公司内部人与外部投资者之间的代理冲突（Fan 和 Wong，2002；Kim 和 Yi，2006）。在此就终极控制股东对公司盈余管理的影响分两方面进行综述，一是终极控制股东对会计盈余信息含量的影响，二是终极控制股东影响盈余管理的方式。

在终极控制股东对会计盈余信息含量的影响方面，Fan 和 Wong（2002）以东亚 7 个国家和地区 977 个公司为样本研究发现，盈余可靠性被降低的原因之一是少数股东预计控股股东有能力和动机操纵盈余，报告不具有信息含量的信息以避免他们的私利行为被发现；东亚地区的寻租行为存在暴利，寻租者有极大的动力集中所有权和决策权，并操纵盈余以隐藏其自利信息，使其行为不被潜在的竞争者和公众所发现。高度集中的所有权导致低质量的收益利息。该地区政府尽管努力施行新会计制度以提高公司会计信息质量，但公司披露的会计信息质量仍然较低。Francis et al.（2005）为了比较二元股权结构与一元股权结构下会计盈余与股利的信息含量，以美国 1990—1999 年期间 205 个二元股权结构公司（dual class firms）和 5 764 个一元股权结构公司（single class firms）进行统计分析。研究发现，一元股权结构的会计盈余信息含量比股利信息含量显著增加，但二元股权结构的会计盈余信息含量与股利信息含量相同。Torres et al.（2010）实证研究了巴西的公司的所有权结构对平滑盈余的影响，研究发现巴西集中的所有权结构使管理者产生了通过盈余管理降低会计信息含量的动机。Wang 和 Lin（2008）对中国台湾 1996—2006 年间的上市公司进行多元回归分析发现，家族公司与非家族公司虽然在盈余管理程度上没有明显区别，但所有权与控制权的分离导致家族公司与非家族公司的盈余信息质量存在差异。王俊秋和张奇峰（2007）对 2003—2004 年中国家族控制型公司的研究发现，两权偏离降低了会计信息含量，现金流量权增加了会计信息含量。纪信义和曹寿民（2010）以中国台湾地区 1998—2005 年间 1 710 个公司·年的观测值为样本，探讨台湾上市公司治理结构是否会影响公司财务报告的可靠性。研究结果发现，现金流量权与投票权有偏离的公司从事盈余管理来跨越前期盈余门槛；代理问题越严重的公司越可能操纵盈余；当控制股东的投票权增加，或与现金流量权的偏离程度变大，以及担任董事比率增加时，公司盈余管理幅度较大。上述国内外的研究表明，终极控制股东影响盈余信息质量，两权偏离度越大，终极控制股东越可能操纵盈余。

现有研究发现终极控制股东影响公司盈余管理的因素众多，包括终极控制股东两权分离度、股东权益法律保护水平、公司终极控制股东的类型、公司依法纳税的程度等。Leuz et al.（2003）对世界 31 个国家盈余管理的系统差别进行研究发现，公司内部人保护其私有控制利益，运用盈余管理向外部人隐瞒公司业绩的现象，相对分散的所有权结构、健全的投资者保护法律、完善的股票市场的"外部人经济"（outsider economies）国家比"内部人经济"（insider economies）国家表现出更低的盈余管理程度。同时，发现盈余管理与少数股东权益保护和法律的实施负相关，且投资者法律保护与会计盈余信息质量有着重要的关系。Kim 和 Yi（2006）以韩国 1992—2000 年间 15 159 个公司·年的观测值为样本，研究控制股东的所有权与控制权、附属组织及上市身份的差异是否以及如何影响盈余管理的程度。其利用 OLS 回归法分析发现，公有公司的内部人比私有公司的内部人通过盈余管理去迎合各类市场参与者的动机更强，控制权与所有权的分离、附属组织、上市身份对财务报告方面的机会主义管理有显著的影响。研究认为，当控股股东的控制权与所有权分离程度越大，公司表现出越多侵略性的盈余管理；控制权与所有权的分离导致公司内部人与外部人之间的代理问题，并且公司内部人存在隐瞒盈余管理的自利行为；像韩国这样的新兴经济地区，代理问题的主要原因是控制权与所有权的分离，而不是管理权与所有权的独立。Haw et al.（2004）以世界 22 个国家及地区（东亚 9 个，西欧 13 个）的工业公司为样本，研究法律与非法律制度对限制控制权与所有权分离导致的盈余管理的作用。描述性统计结果显示，大公司控制权水平更高，产生私有利益的可能性更大。单变量回归发现，当国家具有普通法传统、少数股东权益法律保护健全、司法体系有效、高披露标准、有效的产品市场竞争、媒体信息畅通和税法执行有效这些特点时，盈余管理可以得到降低。研究得到一个惊人的发现，依法纳税的程度比普通法和有效司法体系对盈余管理的影响更大。这一发现表明非法律机制对限制内部人私有控制利益具有重要作用。Yuan Ding（2007）研究了中国公司所有权集中度与所有权类型对盈余管理的影响。研究发现，中国上市公司的盈余管理行为受公司所有权集中度的影响，盈余管理与所有权集中度之间受壕沟及联盟的影响呈倒"U"型关系。研究还发现，由于特殊的政治及历史原因，私有公司仍处于弱势，更倾向于最大化公司盈余。Leuz et al.（2003）通过检验31个国家盈余管理的系统差别，探索投资者保护与公司盈余管理行为的关系。多元回归分析结果表明，盈余管理与少数股东权益保护水平负相关。研究认为，内部人有获取个人控制利益的动机，这一动机受保护外部投资者法律的限制，法律保护可以减少盈余管理。Lang et al.（2006）研究也发现弱投资者保护带来更多的盈余管理，证券委员会的规则不能取代制度环境的影响，非美国公司的盈余管理表现出更多的平滑现象。Burgstahler et al.（2006）以13个欧盟国家的私有公司和公有公司为样本，研究发现，私有公司表现出更高的盈余管理水平，完善的法律体系能够减少私有公司和公有公司的盈余管理。Lara et al.（2005）研究发现，大陆法系国家的管理者存在一贯减少盈余的动机，这种行为可能在特定的机制下，使盈余管理表现得更加保守。

2.2 ———————— 投资者保护研究综述 ————————

投资者保护对金融市场和经济发展有重要影响。根据"法与金融"的理论，完善的投资者保护有助于缓解公司内部人与外部投资者之间的代理问题。良好的投资者保护能够提高投资者信心，增加参与资本市场的人数和资金量，促进资本市场和经济的发展（周小川，2002；王铮，2004）。国内外资本市场中，损害中小股东和债权人利益的行为屡屡发生（La Porta.，1998），投资者保护问题成为资本市场健康有序发展的重要问题。投资者保护的影响在公司治理、资本结构、融资成本、公司价值和会计信息质量等各方面得以体现。国内外学者对此进行了广泛深入的研究。根据本书研究需要，我们从投资者保护与公司价值、资本结构、融资成本，以及会计信息质量等方面进行文献综述。

资本市场的发展受会计信息质量的影响。会计信息质量越高，上市公司的融资成本越低，资本市场股票交易越活跃（Bhattacharya et al.，

2003）。会计信息失真成为国内外资本市场的痼疾，严重影响了资本市场的健康有序发展。加强投资者保护，提高会计信息质量以维护资本市场健康有序发展成为学者们关注的重点问题。Leuz et al.（2003）检验了世界31 个国家盈余管理的系统差别，研究发现投资者保护与会计盈余质量之间具有非常重要的联系。投资者权益保护健全的国家会计盈余信息质量更高，反之，则更低。完善的投资者保护能减少控制股东的盈余管理行为，因为完善的法律保护能够限制控制股东的掠夺动机和能力。Doidge et al.（2004）研究表明，投资者保护在很大程度上影响公司治理行为和信息披露行为。在投资者保护较弱的国家，法律与制度所提供的投资者保护比公司自身治理水平的改善更为有效。国内的研究中，陈胜蓝和魏明海（2006）通过对 2001—2004 年中国 A 股上市公司的研究发现，投资者保护较高地区的上市公司的会计信息质量更低。研究认为，较高的会计信息质量是弱投资者保护的替代机制。吴永明和袁春生（2007）对受处理的上市公司的研究发现，财务舞弊随着投资者法律保护水平的提高而降低。

23

　会计稳健性是高质量会计信息的重要特征。大量文献就投资者保护对会计稳健性的影响进行了研究。Ball et al.（2000）对比研究了 1985—1995 年 4 个普通法系国家（澳大利亚、加拿大、美国、英国）和 3 个成文法系国家（法国、德国和日本）会计稳健性的差异，研究发现普通法国家比成文法国家的公司确认损失更及时，其会计盈余更稳健。他们认为，产生这一现象的原因在于成文法国家的信息不对称产生的代理问题主要通过制度因素解决，不是通过公开披露的财务信息实现。在普通法下，有效的投资者保护要求公司披露更高质量的会计信息以满足市场需求，从而提高了会计稳健性。Giner 和 Rees（2001）选择制度环境较接近的法国、德国和英国 3 个欧盟国家为研究对象，比较 3 个国家 1990—1998 年投资者法律保护对会计稳健性的影响，研究发现，在 3 个国家中，与好消息相比，公司的坏消息与同期盈余之间的关系更显著；公司前期盈余与当期消息的相关性存在显著差异；与英国相比，法国和德国的公司确认了更多好消息，好消息可能带来更多滞后影响；与法国和德国相比，英国的公司确认了更多坏消息。Lara 和 Mora（2004）选用欧洲 8 个国家 1987—2000 年 20 583 个公司·年观测数据为样本进行研究发现，普通法系国家的公司表现出更高的盈余稳健性。Bushman 和 Piotroski（2006）从司法体系的公正性、证券法的公众执法行为和私人执法行为等视角研究投资者保护对会计稳健性水平的影响，研究发现，在司法质量较高的国家的公司会计盈余反映坏消息更及时；在证券法公众执行力度更强的国家的公司延迟确认了好消息，但是，证券法私人执行力度对会计稳健性没有显著影响；普通法系下政府干预多的国家比政府干预少的国家会计稳健性更低，成文法系国家正好相反，即政府干预多的国家比政府干预少的国家会计稳健性更高。Basu（1997）研究发现，美国过去 30 年的会计稳健性随着审计师责任风险的提高而增加。Lobo 和 Zhou（2006），Lara et al.（2009）研究认为，萨班斯法案（SOX）的颁布使得美国会计更加稳健，但是，Jain 和 Rezaee（2004）研究认为，萨班斯法案颁布后财务报告的会计稳健性并没有显著提高，管理者只是更多地采用会计应计项和管理战略进行盈余管理。Ball et al.（2003）发现源于普通法的东亚 4 个国家和地区（中国香港、马来西亚、新加坡和泰国）的会计稳健性不高，因为司法管辖区的市场和政治力量的相互作用深刻影响了管理者和审计师的财务报告行为，从而说明控制者保护对会计信息质量的作用受制度环境的影响。

国内关于投资者保护与会计稳健性的研究比较薄弱，研究结论不一致。例如，董红星（2011）对 1994—2009 年期间不同阶段的会计稳健性进行了研究，发现这一期间会计稳健性呈增长趋势，并将这一结果归因于投资者保护加强所致。但是，研究并未直接检验投资保护与会计稳健性之间的关系。陈胜蓝和魏明海（2007）对中国 2001—2004 年不同地区 A 股上市公司会计稳健性的研究发现，投资者保护较弱地区的会计更稳健。

综上所述，国外研究表明，投资者保护降低了内部人隐藏掠夺行为的需求，减少其操纵会计信息的可能性，进而提高会计稳健水平。国内关于投资者保护与会计稳健性之间是替代关系还是互补关系尚无定论。

2.3 —————— 会计稳健性研究综述 ——————

2.3.1 会计稳健性的度量

会计稳健性的度量是会计稳健性实证研究中的难点和重点。自Feltham 和 Ohlson（1995）对会计稳健性度量的开创性研究以来，学者们开发出了多种会计稳健性度量模型。每种度量模型有其特定的假设前提、数据要求和实施程序，适用范围也可能不同。下面我们对会计稳健性度量模型进行综述。

（1）Basu 模型

该模型由 Basu（1997）构建。模型以会计盈余对好消息的可验证性要求高于坏消息为假设前提，以会计盈余对股票回报进行回归，模型等式如下：

$$\text{EPS}_{it}/P_{it-1}=\beta_0+\beta_1 D_{it}+\beta_2 \text{RET}_{it}+\beta_3 D_{it}\times \text{RET}_{it}+\varepsilon_{it} \tag{2-1}$$

其中：EPS_{it} 为 i 公司第 t 期每股税后净利；P_{it-1} 为 i 公司第 t−1 期期末股票收盘价格；RET_{it} 是 i 公司第 t 期股票回报；D_{it} 是消息虚拟变量，当 $\text{RET}_{it}<0$ 时，$D_{it}=1$，否则，$D_{it}=0$；β_2 表示盈余对好消息的反应系数；（$\beta_2+\beta_3$）表示盈余对坏消息的反应系数；β_3 表示坏消息所带来的增量及时性，是模型主要考察系数，当 $\beta_3>0$ 时，表明会计稳健；β_0、ε_{it} 分别为截距和误差项。

Basu 模型适用于上市公司大样本交叉序列分析，在会计稳健性的实证研究中应用最广泛，尤其是在会计稳健性的国际比较研究中，几乎都采用了该模型（Ryan，2006；Wang et al.，2008）。但是，该模型要求资本市场较为完善，不能用于股票回报都为正或都为负的样本检验（Givoly et al.，2007；Beaver et al.，2009）。

（2）重大事项下的盈余回报模型

有效市场中发生的经济事项一旦被披露，其影响将立即在市场中得到反映，经过市场调整后的股票回报能捕获该事项信息。据此，Shroff 和

Zhang（2004）以公司财政季度重大事项发生后连续3天的股票回报作为消息代理变量，构建重大事项下的盈余回报模型。其等式如下：

$$\Delta E_{it} = \alpha_0 + \alpha_1 ER_{it} + \varepsilon_{it} \tag{2-2}$$

其中：ΔE_{it} 为 i 公司第 t 季度的每股盈余与第 t−1 季度的每股盈余的差额与第 t 季度初的股价之比；ER_{it} 为 i 公司第 t 季度发生的为期3天市场调整后的异常股票回报；α_1 反映包含重大事项信息的股票回报与会计盈余的关系；α_0 和 ε_{it} 分别为截距和误差项。

统计时将好消息和坏消息分别代入模型（2-2）进行回归，得到两种情况下的稳健性程度。由于 α_1 同时受信息确认及时性和持续性的影响，又由于难以将及时性影响从持续性影响中分离出来，因此，模型用 R^2 度量稳健性。如果坏消息下的 R^2 大于好消息下的 R^2，表明坏消息比好消息得到更及时的反映，即会计稳健。

但是，模型（2-2）中的 R^2 可能受重大事项和其他事项的影响，为了消除其他事项影响，Shroff 和 Zhang（2004）对模型（2-2）进行了修订，修订后的模型以重大事项的增量影响反映会计稳健性。在模型（2-2）中加入其他事项的影响，得到模型（2-3）：

$$\Delta E_{it} = \theta_0 + \theta_1 ER_{it} + \theta_2 OR_{it} + \mu_{it} \tag{2-3}$$

其中：OR_{it} 为 i 公司 t 季度不包括重大事项的其他事项产生的回报；θ_1 和 θ_2 为回归系数；θ_0 和 μ_{it} 分别为截距和误差项；其他变量同模型（2-2）。分别将坏消息和好消息样本代入模型（2-3）进行回归，分别得到坏消息和好消息下的 R^2。为了估计重大事项的增量影响，再建立回归模型（2-4）：

$$\Delta E_{it} = \gamma_0 + \gamma_2 OR_{it} + \nu_{it} \tag{2-4}$$

其中：γ_2 为重大事项回归系数；γ_0 和 ν_{it} 分别为截距和误差项；其他变量同模型（2-3）。分别将坏消息和好消息样本代入模型（2-4）进行回归，可计算得到坏消息和好消息下的 R^2，再算出坏消息下模型（2-3）和模型（2-4）的 R^2 之差（即重大事项增量影响）。同理，计算得到好消息下模型（2-3）和模型（2-4）的 R^2 之差，如果坏消息下的增量影响显著大于好消息下的增量影响，就表明会计稳健。

重大事项下的盈余回报模型以 Basu 模型为基础。与 Basu 模型不相同的是，该模型采用的不是盈余对应的整个报告期间的股票回报，而是基于短窗口期间重大事项导致的股票回报。因此，该模型解决了 Basu 模型中盈余与股票回报可能存在的内生性问题。同时，该模型也消除了好消息与坏消息的持续性差异对稳健性的影响。但是，该模型要求资本市场相对完善，模型数据收集难度较大。

（3）C_Score 模型

Khan 和 Watts（2009）认为会计稳健性随公司特征（包括公司规模、成长性和财务杠杆）的变化而变化。因此，他们以公司规模（Size）、成长性（MTB）和财务杠杆（Lev）的年度特征作为消息代理变量，建立反映消息及时性的等式：

$$G\_Score_{it} = \beta_3 = \mu_1 + \mu_2 Size_{it} + \mu_3 MTB_{it} + \mu_4 Lev_{it} \tag{2-5}$$

$$C\_Score_{it} = \beta_4 = \lambda_1 + \lambda_2 Size_{it} + \lambda_3 MTB_{it} + \lambda_4 Lev_{it} \tag{2-6}$$

其中：G_Score_{it} 反映好消息的及时性；C_Score_{it} 反映坏消息的增量及时性，是度量会计稳健性的重要指标；坏消息的总体及时性为 C_Score 与 G_Score 之和。$Size_{it}$、MTB_{it} 和 Lev_{it} 分别为公司规模、成长性和财务杠杆。将 C_Score 和 G_Score 代入 Basu 模型（见模型 2-1），得到模型（2-7）：

$$x_{it} = \beta_1 + \beta_2 D_{it} + R_{it}(\mu_1 + \mu_2 Size_{it} + \mu_3 MTB_{it} + \mu_4 Lev_{it}) + D_{it} \times R_{it}(\lambda_1 + \lambda_2 Size_{it} + \lambda_3 MTB_{it}$$
$$+ \lambda_4 Lev_{it}) + (\delta_1 Size_{it} + \delta_2 MTB_{it} + \delta_3 Lev_{it} + \delta_4 D_{it} \times Size_{it} + \delta_5 D_{it} \times MTB_{it} + \delta_6 D_{it} \times Lev_{it}) + \varepsilon_{it}$$

$$\tag{2-7}$$

其中：x_{it} 为公司盈余；β_1、β_2、μ_i、λ_i（i=1，2，3，4）和 δ_j（j=1，2，3，4，5，6）为回归系数；ε_i 是误差项。将模型（2-7）估计得到的 μ_i、λ_i（i=1，2，3，4）分别代入等式（2-5）、（2-6）即可算出 C_Score 和 G_Score 的值，得到会计盈余对好消息和坏消息的敏感系数，以此确定公司会计稳健性状况。

C_Score 模型优点在于能从公司层面度量会计稳健性，预测公司未来稳健性状况，克服了 Basu 模型不能度量股票回报都为正的样本公司会计稳健性的局限。但是，Khan 和 Watts（2009）指出，该模型是根据影响美国会计稳健性的 4 个关键因素，即契约、诉讼、税收和监管而建立，对于制度环境不同于美国的国家和地区，尤其是那些执法不严的国家和地区，契约和诉讼得不到应有的法律保障，影响会计稳健性的关键因素与美国不同，则不适合采用该模型。

（4）ACC模型

众多研究认为，由于会计通过应计项及时确认坏消息和延迟确认好消息，会计稳健性主要通过应计项而不是现金流发挥作用（如Basu，1997；Givoly和Hayn，2000；Pae，2007）。因此，Ball和Shivakumar（2005）以盈余中的应计项对经营净现金流进行回归构建会计稳健性度量模型。模型等式如下：

$$ACC_{it} = \beta_0 + \beta_1 DCFO_{it} + \beta_2 CFO_{it} + \beta_3 CFO_{it} \times DCFO_{it} + \varepsilon_{it} \tag{2-8}$$

其中：ACC_{it} 和 CFO_{it} 分别为盈余中的应计项和经营现金流；$DCFO_{it}$ 为消息虚拟变量，当 $CFO_{it} < 0$ 时（即坏消息），$DCFO_{it} = 1$，否则，$DCFO_{it} = 0$；β_i（i=1，2，3）为回归系数；β_0、ε_i 分别为截距和误差项；β_3 表示坏消息带来的增量及时性，如果 $\beta_3 > 0$，表明会计稳健。

ACC模型与Basu模型具有相同的理论基础和相似的结构特征。但是，两个模型对资本市场完善程度要求不同。ACC模型不受资本市场完善程度的影响，样本可以是上市公司，也可以是非上市公司，模型应用范围比Basu模型更广。在国内外会计稳健性的度量研究文献中，ACC模型是继Basu模型之后应用最广的模型（Wang et al.，2008），在近年来的研究中得到更多应用。

（5）未来现金流与应计项模型

Dechow et al.（1998）认为在宽松的假设下，t+1期现金流的期望值等于t期盈余，即：

$$E(CF_{it+1}) = E_{it} \tag{2-9}$$

因此，

$$CF_{it+1} = E_{it} + V_{it+1} \tag{2-10}$$

其中：CF_{it+1} 是 i 公司第 t+1 期现金流；E_{it} 是 i 公司第 t 期盈余；V_{it+1} 是 i 公司第 t+1 期公司增加值。Srivastav 和 Senyo（2010）认为，由于公司各利益主体，如股东、经理人、债权人等，对收入及时性确认存在利益冲突，各利益主体对会计稳健程度的期望不同。应计项反映对未来经营现金流的估计。受稳健会计不高估资产或收入、不低估负债或费用的约束，公司确认正应计项比负应计项更谨慎，负应计项与未来经营现金流的相关性比正应计项与未来经营现金流的相关性更小。因此，可用正、负应计项与未来经营现金流的相关性差异度量会计稳健性，Srivastav 和 Senyo（2010）以此假设构建模型。他们将模型（2-10）中的会计盈余分解为现金流和应计项得到模型（2-11）：

$$CF_{it+1} = CF_{it} + ACC_{it} + V_{it+1} \qquad (2-11)$$

整理模型（2-11）得到：

$$\Delta CF_{it+1} = \alpha + \beta_1 ACC_{it} + V_{it+1} \qquad (2-12)$$

其中：ΔCF_{it+1} 为 i 公司第 t+1 期现金流增量；ACC_{it} 为 i 公司第 t 期应计项；β_1 是会计稳健性系数。由于会计稳健性可能受公司权益市值与账面值之比、前期应计项，以及行业特征的影响，因此，在模型（2-12）基础上加入控制变量得到模型（2-13）：

$$\Delta CF_{it+1} = \alpha_0 + \beta_1 ACC_{it} + \varphi_1 ACC_{it-1} + \varphi_2 BTM_{it} + Year + Industry + V_{it+1} \qquad (2-13)$$

其中：ACC_{it-1} 为 i 公司第 t-1 期应计项；BTM_{it} 为 i 公司第 t 期权益账面值与市值之比；Year 和 Industry 分别为年度和行业虚拟变量；其他变量同模型（2-12）。α_0 为截距，β_1、φ_1 和 φ_2 为系数。将正、负应计项分别带入模型（2-13）得到的两个系数值 β_1，分别反映了好消息和坏消息对会计稳健性的贡献。未来现金流与应计项模型适合用于时间序列相关性分析。模型受经营周期影响小，不受正、负经营现金流持续性的影响。

（6）BTM 模型

Feltham 和 Ohlson（1995）认为会计稳健性使得公司账面价值持续低于其市值。因此，公司账面值与市值之比（即 BTM）越低，公司会计稳健性程度越高，反之，会计稳健性程度越低。因此，可用公司账面值与市值之比度量会计稳健性。但是，Beaver 和 Ryan（2000）进一步研究发现，BTM 包含滞后和偏差两部分，滞后部分与会计稳健性无关，只有偏差部分能体现会计稳健。因此，他们将 BTM 分解为滞后与偏差两部分，构建会计稳健性度量模型，其等式如下：

$$BTM_{it} = \alpha_t + \alpha_i + \sum_{j=0}^{6} B_j RET_{it-j} + e_{it} \qquad\qquad (2-14)$$

其中：BTM_{it} 是 i 公司第 t 期账面值与市值之比；α_t 是时间效应，表示公司账面值与市值之比的年度具体项；α_i 是固定效应，表示样本期间具体公司的账面值与市值之比的持续有偏项，用以度量公司会计稳健性；RET_{it-j} 是 i 公司第 t 期及之前 6 期股票回报之和；B_j 为回归系数；e_{it} 为误差项。

BTM 模型简单易操作，数据容易获取，多用于度量非条件会计稳健性或会计总体稳健性。但是，由于经济租金在公司账面值与市值之间的不对称记录，BTM 模型度量会计稳健性的准确性可能受到影响（Roychowdhury et al.，2007）。同时，BTM 指标还作其他多种现象的代理变量，例如，Fama 和 French（1993）在金融研究中用 BTM 度量违约风险，这为解释 BTM 带来了不确定性。

（7）盈余储备模型

盈余储备模型假设稳健的会计信息导致盈余储备，如公司计提的各种折旧，因此，盈余储备的多少可以反映会计稳健水平。根据这一假设，公司的盈余储备越多，其财务报告越稳健。学者们以不同的盈余储备代理变量反映会计稳健性。其中，Ahmed et al.（2000）以研发费用、广告费用分别与销售收入之比作为盈余储备的代理变量度量会计稳健性。Penman和 Zhang（2002）用盈余储备构建了度量会计稳健性更常用的模型，见模型（2-15）：

$$C_{it} = \frac{ER_{it}}{NOA_{it}} \qquad\qquad (2-15)$$

其中：C_{it} 是 i 公司第 t 期估计盈余储备水平，其值越大，表明会计越稳健；NOA_{it} 是 i 公司第 t 期经营净资产账面价值，即经营资产减去经营负债，其中不包括金融资产和金融负债；ER_{it} 表示 i 公司第 t 期资产负债表中的盈余储备项，包括资产负债表中全部储备项目，如坏账准备、递延收入、折旧、养老金，以及其他估计负债等。这些储备项中有一些项目由管理层自由酌量权引起，并非稳健会计所致。因此，模型需要将由管理层自由酌量权引起的储备项目剔除。但是，实践中难以辨别哪些盈余储备是管理层自由酌量权所致。为了解决这一问题，Penman 和 Zhang（2002）以受管理层自由酌量权影响较小的存货、研发费用和广告费用之和作为储备项目的代理变量，即：

$$ER_{it} = INV_{it}^{res} + RD_{it}^{res} + ADV_{it}^{res} \qquad (2-16)$$

将模型（2-16）中的 ER_{it} 代入模型（2-15），得到模型（2-17）：

$$C_{it} = \frac{INV_{it}^{res} + RD_{it}^{res} + ADV_{it}^{res}}{NOA_{it}} \qquad (2-17)$$

其中：INV_{it}^{res} 为 i 公司第 t 期财务报告附注中后进先出法下的存货准备；RD_{it}^{res} 为 i 公司第 t 期研发费用，其值根据研发费用资本化金额乘以业界估计系数得到；ADV_{it}^{res} 为 i 公司第 t 期由广告带来的估计品牌资产，其值为资本化的广告费用在特定期间内的分摊额。

盈余储备模型在应用中主要存在三方面的问题。第一，盈余储备项目较少在财务报告或其他报告中被明确披露，研究者只能通过估计获得样本数据，数据真实性易受研究者主观判断的影响。同时，该模型下的样本量相对其他模型更小。第二，投资增长率可能导致该模型度量结果产生偏差，因为公司投资增长率对隐藏储备的增减产生直接影响（Rajan et al.，2007）。若隐藏储备的变化是投资变动的结果，而不是会计稳健性程度的体现，以其度量会计稳健性必然影响结论的可靠性。第三，各国财务报告各异，有的国家财务报告中根本就不披露研发和广告费用，因此，该模型难以进行会计稳健性的国际比较研究（Wang et al.，2008）。

（8）应计模型

Givoly 和 Hayn（2000）指出，在权责发生制下，会计稳健性主要通过盈余中的应计项得到反映。当会计稳健时，公司通过应计项延迟确认收益或及时确认损失，公司累积应计项逐渐增加且为负。因此，可用负应计项累积程度度量会计稳健性。负应计项累积值越多，会计越稳健。Givoly 和 Hayn（2000）直接以会计盈余中应计项度量会计稳健性。

应计项包括操纵应计和非操纵应计，Givoly 和 Hayn（2000），Pae（2007）等研究认为，会计稳健性主要受操纵应计的影响。Pae（2007）构建了以应计项度量会计稳健性更精细的模型。模型推导如下，他们将会计盈余中的应计分为操纵应计（DA_{it}）和非操纵应计（UDA_{it}），其值根据修订后的Jones-model模型估计。

$$\frac{ACC_{it}}{A_{it-1}} = \beta_1 \frac{1}{A_{it-1}} + \beta_2 \frac{\Delta REV_{it} - \Delta REC_{it}}{A_{it-1}} + \beta_3 \frac{PPE_{it}}{A_{it-1}} + \mu_{it} \qquad (2-18)$$

其中：ACC_{it} 是 i 公司第 t 期会计盈余中的应计项；ΔREV_{it} 是 i 公司第 t 期收入变化量；ΔREC_{it} 是 i 公司第 t 期应收账款变化量；PPE_{it} 是 i 公司第 t 期厂房和设备金额；A_{it-1} 是 i 公司第 t-1 期期末资产总额。将模型（2-18）得到的回归系数 β_1、β_2 和 β_3 代入非操纵应计模型中，见模型（2-19）：

$$\frac{UDA_{it}}{A_{it-1}} = \hat{\beta}_1 \frac{1}{A_{it-1}} + \hat{\beta}_2 \frac{\Delta REV_{it} - \Delta REC_{it}}{A_{it-1}} + \hat{\beta}_3 \frac{PPE_{it}}{A_{it-1}} \qquad (2-19)$$

通过模型（2-19）可计算得到 UDA_{it} 的值，将其值代入操纵应计模型（2-20）：

$$\frac{DA_{it}}{A_{it-1}} = ACC_{it} - (\hat{\beta}_1 \frac{1}{A_{it-1}} + \hat{\beta}_2 \frac{\Delta REV_{it} - \Delta REC_{it}}{A_{it-1}} + \hat{\beta}_3 \frac{PPE_{it}}{A_{it-1}}) \qquad (2-20)$$

其中：DA_{it} 为 i 公司第 t 期操纵应计，其他变量同模型（2-19）。再将 DA_{it} 代入 Basu 模型（见模型 2-1），得到模型（2-21）：

$$\frac{DA_{it}}{P_{it-1}} = \theta_0 + \theta_1 D_{it} + \theta_2 RET_{it} + \theta_3 (RET_{it} \times D_{it}) + \varepsilon_{it} \qquad (2-21)$$

模型（2-21）以操纵应计对股票回报进行回归反映会计稳健性，θ_3 是度量会计稳健性的关键系数，当 $\theta_3 > 0$ 时，表明会计稳健。其他变量和系数同模型（2-1）和模型（2-20）。

现有会计稳健性度量模型的开发时间虽然不长，但是发展迅速，模型种类较多。现有的会计稳健性度量模型都是在经济和资本市场较发达的西方国家提出来的，每一模型都有其适用前提，数据要求。厘清每个度量模型特定的前提假设、数据要求和实施程序是正确运用会计稳健性模型的关键。在不同于西方国家的中国制度环境下应谨慎选用会计稳健性的度量模型，必要时对引入的模型根据研究需要和中国特定制度环境做必要的修订，同时尽可能选用多种方法进行研究，避免单一模型的度量弊端（Givoly et al.，2007）。

我们在研究中选用 Basu 模型和 ACC 模型度量会计稳健性。选用 Basu 模型的原因是，该模型构建较早，应用范围广，在国内外会计稳健性的研究中使用广泛。之后较多会计稳健性的模型是以其为基础推导而来的，如本书提到模型（2）重大事项下的盈余回报模型、模型（3）C_Score模型等。

我们选用ACC模型的原因是：①虽然ACC模型与Basu模型具有相同的理论基础和相似的结构特征，但是，Basu模型要求资本市场完善，ACC模型对资本市场完善程度要求不高。我国资本市场发展不完善。因此，本书更多采用ACC模型度量会计稳健性，并选用Basu模型进行敏感性分析。②众多学者研究认为，会计稳健性主要通过盈余中的应计项而非现金流量发挥作用，ACC模型根据这一观点，将盈余中的应计项对经营现金流进行回归度量会计稳健性。

现有的会计稳健性度量模型都是在经济和资本市场较发达的西方国家提出来的，每一模型都有其适用前提，数据要求。比较ACC模型与Basu模型而言，其他模型应用范围有限，以C_Score模型为例，该模型的构建者Khan和Watts（2009）指出，该模型是根据影响美国会计稳健性的四个关键因素，即契约、诉讼、税收和监管而建立，对于制度环境不同于美国的国家和地区，尤其是那些执法不严的国家和地区，契约和诉讼得不到应有的法律保障，影响会计稳健性的关键因素与美国不同，则不适合采用该模型。同时，有些模型还做其他多种现象的代理变量，如Fama和French（1993）在金融研究中用BTM度量违约风险，这为解释BTM带来不确定性。

综上所述，我们主要选用ACC模型与Basu模型度量会计稳健性。

2.3.2 会计稳健性的存在性

随着会计稳健性度量模型的构建，众多学者对会计稳健性的存在性进行了深入研究。这些研究集中在两方面，一是对特定国家会计稳健性的研究，二是会计稳健性的国际比较。

（1）对特定国家会计稳健性的研究

众多学者对特定国家公司会计是否稳健进行了广泛研究。例如，Basu（1997）选用1962—1990年美国上市公司为样本，以股票回报作为消息代理变量，以会计盈余对股票回报进行反向回归，考察美国上市公司会计是否稳健。研究发现，盈余对负的股票回报的敏感度是同期盈余对正的股票回报敏感度的 4.5 倍，与未来现金流相关的坏消息比好消息得到更及时的确认，研究发现美国上市公司会计稳健。Basu（1997）不仅证实了美国上市公司会计稳健，同时还发现，随着审计风险的增加，会计稳健性在过去 30 年里得到提高。Nichols et al.（2009）对美国银行会计是否稳健进行了研究。他们选用美国 1993—2002 年上市银行（非上市银行）10 283（4 058）个年观测数据为样本，研究结果表明，与非上市银行相比，上市银行对下降盈余和贷款损失确认都更及时，上市银行比非上市银行会计更稳健。Givoly et al.（2010）比较了美国上市公司与非上市公司会计稳健性状况。他们通过对美国 1978—2003 年上市公司和非上市公司会计稳健性的比较，发现两类公司财务报告都稳健，但是，上市公司会计稳健性程度高于非上市公司，并认为这一差异由诉讼风险和代理成本所致。Ball 和 Shivakumar（2005）研究发现，英国上市公司与非上市公司虽然实施相同的审计制度、会计标准和税收规定，但是，由于市场需求不同，非上市公司财务报告稳健性可能比上市公司更低。他们选用 1990—2000 年非上市公司和上市公司，运用两个会计稳健性模型进行度量，研究发现，非上市公司财务报告稳健性比上市公司更低。他们认为，非上市公司会计稳健性更低是因为该类公司会计稳健性的市场需求更低，并非意味着会计和审计失败，因此，无须对非上市公司实施更严格的会计监督。Balkrishna et al.（2007）运用两个完全独立的盈余稳健性度量模型[①]，对澳大利亚 1993—2003 年上市公司会计稳健性进行研究发现，与收益相比，上市公司财务报告反映损失更及时。同时，他们还发现 1993—2003 年间，澳大利亚上市公司亏损现象极为常见，这一期间亏损发生率不断提高，从 1993 年的33% 上升到 2003 年的 50% 左右，年平均发生率为 40%。报告亏损的公司数几乎呈单调递增趋势，亏损程度从 1993 年的 16% 上升到 2003 年的 35%，与收益年度相比，亏损年度会计稳健性明显增加。

国内研究中，多数学者研究认为，中国上市公司会计稳健，会计稳健是一个渐进的过程。在 1998 年以前，中国上市公司会计稳健性极低甚至

---

① Basu（1997）提出 Basu 模型，Ball 和 Shivakumar（2005）提出 ACC 模型。

不稳健，1998 年以后，中国上市公司会计稳健性水平提高。例如，Ball et al.（2000）对 1992—1998 年中国上市公司会计稳健性的研究发现，在 1998 年以前，中国上市公司财务报告对损失确认缺乏及时性，会计信息透明度低。李增泉和卢文彬（2003）选取 1995—2000 年度 2 966 个上市公司的年度报告为样本，根据 Basu 模型对中国上市公司的考察发现，会计盈余对损失比对收益更敏感。同时还发现，负会计盈余的变化比正会计盈余的变化具有更大的反转率。赵春光（2004）对 1994—2001 年中国上市公司的会计稳健性进行研究发现，1998 年后，中国上市公司的现金流量使得会计稳健性大幅提高。Jia（2004）研究发现，会计师诉讼风险影响会计稳健性，国有股比例与会计稳健性负相关，银行贷款与会计稳健性正相关。陈旭东和黄登仕（2006）研究指出，会计稳健性受制度环境的影响较大。中国上市公司的会计稳健性是一个渐进的过程，且具有行业特征，制造业的会计稳健性最明显。朱茶芬和李志文（2008）研究控制股东性质对会计稳健性的影响，发现中国上市公司会计稳健，其中，非国有上市公司会计稳健性更高。曲晓辉和邱月华（2007）研究发现，加强贯彻谨慎性原则的《企业会计制度》的实施提高了上市公司的会计稳健性。但是，有个别学者研究认为中国上市公司会计盈余及时确认损失、延迟确认收益并非会计稳健所致，而是亏损公司盈余操纵所为。例如，李远鹏和李若山（2005）研究认为，中国上市公司的会计稳健性是由于亏损公司"洗大澡"所致。对此，毛新述和戴德明（2009）以 1994—2007 年中国会计制度改革为背景，专门探讨盈余稳健性和盈余管理之间的内在关系和相互影响，发现没有证据表明盈余稳健性的提高是上市公司大清洗行为所致。

上述国内外研究表明，会计稳健性存在于各国会计准则和会计实践中。同一国家不同时期不同行业的会计稳健性不同，公司是否上市影响会计稳健性的市场需求。中国上市公司会计稳健，但是，这一稳健是一个渐进的过程。主流文献研究认为，1998 年以前中国上市公司会计不稳健，1998 年后，中国制度改革和投资者保护措施的完善提高了上市公司会计稳健性。

（2）会计稳健性的国际比较

会计稳健性的国际比较是会计稳健性研究的一个重要内容。Peek et

al.（2010）对 13 个欧洲国家[①]会计稳健性进行了比较，他们选用 1993—2000 年 141 805 个非上市公司·年观测数据和 16 225 个上市公司·年观测数据为样本，采用两个模型，控制相关变量（包括会计监督、证券法执行和政府干预），研究上市公司和非上市公司债权人与股东的财务报告需求如何影响公司财务报告及时性决策。研究发现，这些国家的公司提供的会计信息都稳健；上市公司债权人需要通过公开披露的财务报告及时获取信息；上市公司和非上市公司会计稳健性差异与债权人保护正相关。Lara 和 Mora（2004）选用 8 个欧洲国家[②]1987—2000 年 20 583 个公司·年观测数据研究资产负债表稳健性（balance sheet conservatism），选用 1988—2000 年 120 306 个公司·年观测数据研究盈余稳健性（earnings conservatism），发现这些公司都存在资产负债表稳健性和盈余稳健性[③]；成文法系国家资产负债表稳健性更高，资产负债表会计稳健性的国际差异与各国的监管力度相关，相同会计准则（如 IASB 标准）的使用有助于降低资产负债表稳健性的国际差异；英国的盈余稳健性水平较高，其他国家之间的盈余稳健性水平差异较小。研究认为，只要各国制度存在差异，即使实施相同的会计准则，盈余稳健性的国际差异也必然存在；资产负债表稳健性与盈余稳健性呈负相关关系。Giner 和 Rees（2001）对不同法源的 3 个欧洲国家会计稳健性进行研究。他们选取 1990—1998 年法国、德国和英国上市公司为样本，研究发现，3 个国家会计都稳健，尽管三国之间法源差异较大，但是，3 个国家会计稳健性水平并无显著差异。Ball et al.（2000）对不同法系的 7 个发达国家[④]1985—1995 年的财务报告进行研究，发现这些国家的公司会计稳健，财务报告对负股票回报的敏感度是对正股票回报敏感度的 10 倍左右。

综上所述，国内外研究都表明会计稳健性普遍存在各国会计实务中。会计稳健性水平随着环境和制度的变化而变化。各国会计稳健性水平差异较大。不同地区不同法源的国家的公司会计稳健性水平不同，同一个国家

---

① 奥地利、比利时、芬兰、法国、德国、爱尔兰、意大利、挪威、葡萄牙、西班牙、瑞典、瑞士、英国。
② 英国、德国、法国、瑞士、荷兰、意大利、西班牙和比利时。
③ Lara 和 Mora（2004）将资产负债表稳健性定义为股东权益账面价值的持续低估，将盈余稳健性下定义为会计盈余对损失确认比对收益确认更及时。
④ 澳大利亚、加拿大、美国、英国、法国、德国和日本。

不同时期不同行业的会计稳健程度也各异。中国上市公司会计稳健性在会计实务和会计准则中出现的时间相对西方发达国家更晚，经历了从无到有，从弱到强的过程。

2.3.3　会计稳健性的影响因素

现有研究表明，世界各国上市公司会计稳健性普遍存在，但是，不同地区不同国家的会计稳健性存在差异，同一个国家不同时期不同行业的会计稳健性也可能不同。什么因素影响会计稳健性的差异？这是会计准则制定机构、监管部门和学者们极为关注的问题。学者们从会计制度、公司治理、投资者保护、制度环境，以及信息不对称等不同角度进行了广泛研究。

1）会计制度

稳健会计信息的制度规定对提高会计稳健性水平发挥重要作用。学者们就会计制度对会计稳健性的影响进行了研究。例如，Basu（1997）研究发现，美国的会计稳健性在 1973 年 FASB 成立之后得到加强，表明会计制度对会计稳健性产生促进作用。Holthausen 和 Watts（2001）以 1927—1993 年美国上市公司为样本研究得到相似的结论。他们发现美国的会计稳健性水平在整个 FASB 期间得到提高，由 1976 年以前不足 0.10，到 1976—1982 年达到 0.16，1983—1993 年增加到 0.43。Pope 和 Walker（1999）比较同为普通法系的两个国家（英国和美国）盈余稳健性的差异时发现，虽然英美两国会计制度环境相似，但是会计稳健性依然存在明显差异，对未包含非经常性项目盈余的会计稳健程度而言，美国比英国更高；包含非经常性项目盈余的会计稳健程度则正好相反，英国会计制度对会计盈余是否包含非经常性项目更敏感。研究结果表明，即使制度环境相似，会计准则的其他因素也可能导致会计稳健性的国别差异。Lara 和 Mora（2004）选用 8 个欧洲国家[①] 1987—2000 年20 583 个公司·年观测数据研究资产负债表稳健性，研究发现，成文法系国家资产负债表稳健性更高，相同会计准则（如 IASB 标准）的使

---

① 英国、德国、法国、瑞士、荷兰、意大利、西班牙和比利时。

用有助于降低资产负债表稳健性的国际差异。Fan 和 Wong（2002）通过对东亚地区财务报告质量的研究指出，制度环境对财务报告质量有重要影响，如果不考虑制度环境，盲目引入国际会计准则和披露制度不能提高财务报告透明度。

国内的研究中，曲晓辉和邱月华（2007）以 1995—2004 年 7 721 个观测数据为研究样本，研究会计制度对会计稳健性的影响，发现贯彻稳健的会计制度对会计稳健性水平有重要影响。迟旭升和洪庆彬（2009）以 2005—2007 年深市 A 股上市公司为研究样本，考察 2006 年中国修订后的会计准则对会计稳健性的影响。研究发现，会计稳健性在新会计准则实施后有所提升。毛新述和戴德明（2009）研究 1994—2007 年中国会计制度对会计稳健性的影响，发现会计稳健性同会计制度中稳健性原则的运用紧密相关。毛新述和戴德明（2008）综合分析了中国资本市场中的特殊制度安排，他们指出，与国外资本市场不同，契约、诉讼、税收和政治因素只能为中国资本市场的盈余稳健性提供十分有限的解释，中国的制度背景以及会计与证券监管是会计稳健性得到提高的重要原因。总之，国内外研究表明，包含会计稳健性的会计制度对会计信息的稳健性提供了制度保障，并在一定程度上促进了会计稳健性的提高。

2）公司治理

公司治理是影响会计稳健性的重要因素。学者们从股权结构、董事会特征、高管持股等不同方面对此进行了研究。

（1）股权结构。既有研究发现，公司股权结构影响会计稳健性。其中，大股东，管理层和机构投资者持股对会计稳健性的影响是研究的重要内容。在大股东控制方面，研究认为，股权集中在大股东手中加强了管理层与业主的利益一致性，二者代理矛盾被缓解，共享信息增加，因此，降低了大股东监督和控制管理层所需的会计稳健性要求。另外，大股东持股增加使得少数股东为公司提供的资本减少，对稳健性会计的总体需求降低（Watts，2003）。Villalonga 和 Amit（2006）指出，集中的股权结构有助于提高以关系为基础的公司治理水平，因为控制股东有能力通过监管节约代理成本。当控制股东持股增加时，经理人与控制股东共享信息的动机增加，两者之间的信息不对称更可能通过私下信息沟通解决。因此，会计稳健性的监管作用预示着控制股东的控制权与会计稳健性负相关。LaFond（2005）运用Basu模型，以Worldscope的内部人持股[①]数据和Datastream中的股票回报数据，选用1991—2002年16个发达国家和地区[②]非金融公司为样本，以内部人持股作为股票结构国际差异的代理变量，检验内部人持股与会计稳健性的关系。研究发现，在关系型公司治理系统中，私下沟通监管手段降低了内部人对稳健财务信息的需求；在所有的法律制度中，内部人持股比例越高，盈余稳健性越低；控制内部人持股的影响，投资者权力对会计稳健性的影响减弱。总之，他们研究认为，集中的股权结构降低了会计稳健性水平。Bona-Sánchez et al.（2011）以西班牙1996—2006年的上市公司为样本，从终极控制股权结构视角研究发现，终极控制股东现金流量权、两权偏离度都与盈余稳健性负相关。Fan和Wong（2002）就7个东亚国家和地区[③]终极控制股权结构对财务报告信息质量的影响的研究也发现东亚国家高度集中的股权结构和较高的两权偏离度降低了财务报告的信息含量，并指出控制股东的壕沟行为和这些国家普遍存在的寻租活动是导致这一问题的重要原因。研究指出制度环境建设对提高财务报告质量的重要影响。

在多个大股东控制方面，Laeven和Levine（2008）研究发现，多个大股东控制公司约占欧洲公司的三分之一。多个大股东控制的优点是大股东之间可以相互监督并建立联盟，对第一大股东的机会主义行为发挥制约作用，降低公司代理成本（Bennedsen和Wolfenzon，2000；Bloch和Hege，2001）。Haw et al.（2010）研究了多个大股东[④]及其特征对财务报告稳健性的影响。他们以大股东之间现金流量权差异作为大股东对公司治理影响的代理变量，控制了第一大股东现金流量权和两权（即现金流量权和控制权）偏离度，利用Basu模型，以13个欧洲国家[⑤]1987—2008年24 753个观

---

① Worldscope将内部人定义为管理人员、董事和他们的直系亲属、持有的股份信托机构。
② 包括英国法系的7个国家和地区（即澳大利亚、加拿大、中国香港、爱尔兰、新加坡、南非和英国），法国法系的5个国家（即比利时、法国、意大利、荷兰和西班牙），德国法系的4个国家（即德国、日本、韩国和瑞士）。
③ 中国香港、印度尼西亚、马来西亚、新加坡、韩国、中国台湾和泰国。
④ 根据La Porta，Lopez-de-Silanes和Shleifer（1999）的方法，Haw et al.（2010）将直接或间接投票权之和达到或超过10%的股东定义为大股东或控制股东，多个大股东界定为第一大股东和第二大股东投票权都不低于10%的股东。
⑤ 分别是澳大利亚、比利时、芬兰、法国、德国、爱尔兰、意大利、挪威、葡萄牙、西班牙、瑞典、瑞士和英国。

测数据为样本，研究发现，与只有一个大股东或股权分散的公司相比，有多个大股东的公司提供的财务报告更稳健；大股东之间现金流量权的不均衡程度与会计稳健性正相关，但是这一正相关关系仅存在于控股股东拥有不同类型股权的情况下；投资者保护与家族持股强化了现金流量权不均衡程度与会计稳健性的关系。这些研究表明，多个大股东特征对会计稳健性水平有重要影响。

国内研究中，曹宇等（2005）以1997—2001年上市公司为样本，研究股东控制权对会计稳健性的影响，发现大股东控制权与会计稳健性负相关。修宗峰（2008）研究发现，控制股东可能通过较低的会计稳健性掩盖其对外部人的掠夺行为。股权制衡度能够抑制控制股东对会计信息的操纵，降低信息不对称性。杨克智和谢志华（2010）根据金字塔股权结构控股股东与会计稳健性的关系提出了有效需求不足和利益侵占两个假说[①]。他们以2003—2009年沪深A股上市公司为样本，采用Basu模型研究发现，在金字塔股权结构中，终极控制股东持股比率与会计稳健性负相关，这一结果与Fan和Wong（2002）、Garcı a Lara et al.（2009）的研究结论一致；终极控制股东持股比率与会计稳健性负相关关系在2005年以后明显减弱；非国有终极控制股东两权（即控制权与现金流量权）偏离度与会计稳健性负相关。

上述研究表明，不管是直接控股还是间接控股，股权集中度都与会计稳健性负相关。股权制衡有利于抑制大股东操纵会计盈余信息，更好地保护中小投资者合法利益。因此，股权制衡度更高的上市公司会计盈余更稳健。终极控制股东对会计稳健性有重要影响，其现金流量权和两权偏离度是影响会计稳健性的重要因素。

（2）高管持股和高管持债。LaFond和Roychowhury（2008）研究指出，会计稳健性是解决管理层与股东之间代理问题的潜在机制。他们选取美国1994—2004年共14 786个公司·年观测数据为样本，运用Basu模型，分别以CEO持股和5位薪酬最高的管理人持股为代理变量，控

---

① 参见杨克智和谢志华（2010），有效需求不足假说，即由于控股股东利用私人信息的成本比公开信息更低，所以他们对会计稳健性的需求比较低，加上制度环境和金字塔结构的股权形式，使得终极控股股东对会计稳健性的需求不强；利益侵占假说，即终极控股股东充分利用自己的控股行为，通过影响企业的会计信息披露政策和内容，来掩盖和误导中小投资者，从而获得私人收益的行为。

制投资机会集（the investment opportunity set），检验管理层持股对财务报告稳健性的影响。研究发现，管理层有限责任和有限任期激励了其机会主义行为，管理层持股越高，会计稳健性越低。但是，稳健的会计信息通过及时确认损失可以约束管理层源自有限责任和有限任期的机会主义行为。研究为股东具有会计稳健性需求的理论提供了经验支持。Shuto 和 Takada（2010）对日本高管持股与会计稳健性的关系进行了研究。他们选用日本 1990—2005 年共 27 845 个公司·年观测数据，以所有董事持有股票作为管理者持股代理变量，也采用 Basu 模型，控制相关变量（包括 M-B、杠杆、公司规模和年度），从高管持股的协同效应（the incentive alignment effect）和壕沟效应（the entrenchment effect）两个视角，考察日本上市公司高管持股对会计稳健性的影响。研究发现，管理者持股与会计稳健性之间存在非线性关系，具体表现为，当管理者持股较高或较低时，管理者持股与会计稳健性负相关；当管理者持股居于中间水平时，管理者持股与会计稳健性正相关。尽管 Shuto 和 Takada（2010），LaFond 和 Roychowhury（2008）对管理层持股与会计稳健性之间关系的研究结论不完全相同，但是，他们的研究都表明管理层持股对会计稳健性有重要影响。

41

在高管持有债权方面，Jensen 和 Meckling（1976）指出，管理层持有债权越多，通过资产替代掠夺债权人的激励就越小，从而减轻了债务代理成本。他们的观点分别得到 Edmans 和 Liu（2010），Sundaram 和 Yermack（2007）的理论和实证研究的支持。Sundaram 和 Yermack（2007）研究发现，持有更多内部债权的 CEO 对公司的管理更保守。Wang et al.（2010）认为管理层持有更多债权的公司从银行借款的条件更具有吸引力，尤其在预期债务代理成本较高的情况下更明显。管理层持有债券缓解了债权人与股东之间的代理冲突。公司 CEO、CFO 和高层管理团队持有债券都降低了债权人对稳健财务报告的需求。

（3）董事会特征。董事会是公司治理机制的核心（Fama 和 Jensen，1983），内外部董事比例影响董事会监管职能的发挥，这一影响反映在公司财务报告质量中。Beasley（1996），Farber（2005）研究发现，外部董事比例越高的公司财务欺诈相对越少。Peasnell et al.（2000），Xie et al.

（2003），Bowen et al.（2005）研究发现，更高的外部董事比例降低了公司的盈余管理。Wright（1997）发现外部董事比例与分析师对财务报告的评级正相关。上述研究提供了董事会特征影响财务报告质量的经验证据。Beekes et al.（2004）较早研究了董事会特征对会计稳健性的影响，以非金融公司为研究样本，研究发现，外部董事比例高于样本均值的公司确认坏消息更及时，会计更稳健；外部董事比例对好消息确认的及时性没有显著影响；即使存在审计，外部董事对提高会计信息质量仍然发挥重要作用。Ahmed 和 Duellman（2007）从董事会独立性与激励机制的更多具体方面检验了 1999—2001 年美国董事会特征与会计稳健性的关系。他们以 306 个标准普尔指数超过 500 的公司为研究样本，运用多个度量模型，控制了相关变量（包括行业、公司规模、杠杆、成长机会、机构持股、内部董事持股和其他相对稳定的不可观测的公司特征），从内部董事比例、外部董事平均数等方面进行考察，发现内部董事占比越高的公司会计稳健性越低，外部董事持股越高的公司会计稳健性超高；董事会规模、CEO 和董事长两职分离与否对会计稳健性没有显著影响。但是，Garcıa Lara et al.（2009）选用西班牙 69 个独立公司 1997—2002 年数据为样本研究发现，CEO 影响董事会与会计信息质量的关系，CEO 对董事会作用影响大的公司会计稳健性更低。他们的研究证明即使在西班牙这样诉讼风险较低的国家，会计稳健性仍发挥了重要的公司治理作用。

国内关于公司董事会特征与会计稳健性的研究中，陈胜蓝和魏明海（2007）研究发现，独立董事比例的提高使得会计盈余延迟确认好消息，加快确认坏消息，有利于保护投资者合法利益。董事长与总经理两职分任显著影响好消息的确认，对坏消息的确认影响不明显。赵德武等（2008）研究发现，独立董事监督力越高的公司会计越稳健。与人数规模、薪酬等因素对会计稳健性的影响相比，独立董事履职环境的影响更大。张兆国等（2011）对 2007—2009 年中国 A 股上市公司的研究发现，董事长的个人背景特征对会计稳健性有一定的影响。进一步区分国有和非国有上市公司后研究发现，在这两类不同产权性质的公司中，董事长的教育背景、年龄和任期对会计稳健性的影响存在一定的差异性。

上述国内外研究得到基本一致的结论，即董事会特征影响会计稳健性。董事会独立性越高，会计越稳健；外部董事比例与会计稳健性正相关。但是，在不同的国家，董事长与总经理两职是否分任、董事的政府背景等因素与会计稳健性的关系存在较大差异。

此外，学者们还从家族持股、机构持股等方面对会计稳健性进行了研究。例如，Basu et al.（2005）考察家族持股对会计稳健性的影响时发现，家族持股越高，会计稳健性越低。Ramalingegowda 和 Yu（2011）研究发现，机构投资者持股与会计稳健性正相关，这种正相关关系在成长机会大和信息不对称的公司中更明显。

国内外学者对公司治理与会计稳健性之间的关系进行了广泛研究，提出了公司治理与会计稳健性互补和替代两种观点。但是，二者之间究竟是替代关系还是互补关系尚无定论。替代观认为，由于公司治理更弱的公司代理问题更严重，对会计稳健性的需求更高，会计更稳健。例如，Chi et al.（2009）以中国台湾 1996—2004 年 4 443 个公司·年观测数据为样本进行研究发现，会计稳健性是其他公司治理机制的替代；机构投资者持股越大的公司，会计稳健性越低；CEO 与董事会主席两职未分离的公司需要更大的会计稳健性弥补公司治理的不足。Wang（2006）研究发现，财务报告对会计信息供需双方同样重要，但是对会计信息供需双方的影响相反。就信息需求方而言，更强（弱）的公司治理使得外部人对高质量会计信息需求更低（高），但是，对信息提供方而言，治理结构更强的公司经理会提供高质量的会计信息，治理结构更弱的公司经理有更大的动机披露不能反映经济实质的盈余信息。他们认为会计稳健性与其他盈余特征的重要区别在于前者被视为缓解代理问题的有效机制。

互补观则认为，治理更强的公司会计更稳健。因为治理更强的公司能够更好地监督管理层行为，更及时地披露会计信息。Lara et al.（2009）对此进行了专门研究。他们选取美国 1992—2003 年 1 611 个公司 9 152 个年观测数据为样本，以 4 个代理变量（即外部治理、CEO 参与、董事会构成和董事会有效性）反映公司治理水平，运用以市场为基础的 Basu 模型和 2 个不以市场为基础的模型，即 Ball 和 Shivakumar（2005）提出的 ACC 模型，Givoly 和 Hayn（2000）提出的负应计项模型度量会计稳健性，控制投资机会集的影响，研究公司治理与会计稳健性的关系。研究发现，公司治理更强的公司披露会计信息更及时；公司治理更强的公司运用应计项加速坏消息在会计盈余中的确认；反收购保护较低和CEO参与董事会决策较少的公司会计稳健性更高。公司过去治理状况影响当前会计稳健性。Lara et al.（2009）研究认为，治理更强的公司会计更稳健，但是，会计更稳健的公司治理并非更强，二者不存在替代关系。这些研究认为公司治理与会计稳健性之间是互补关系。

3）税收

在税收方面，会计稳健性影响公司涉税行为。例如，所得税与盈余报告捆绑在一起，并影响着盈余结果。公司只要有盈余就需承担所得税，盈余越多所得税也越多。会计方法影响应纳税所得额（Watts，2003），公司采用稳健的会计政策和方法能够延迟确认收入，及时确认损失，减少税负现值（Shackelford 和 Shevlin，2001）。Watts（2003）研究指出，稳健性的解释包括契约、股东诉讼、税收和会计监管。其中，契约和股东诉讼是最重要的解释，税收和监管的解释力虽然弱，但与其他解释一起发挥作用。Lev 和 Nissim（2004）使用财务报告和税收报告中的费用的相对大小作为给定期间盈余下偏的计量。如果财务报告中的费用低于税收报告中的费用，则企业在费用确认方面是激进，比例越小则越激进。其中财务报告费用等于收入与税前收益之间的差异，而税收费用则等于收入和应税所得之间的差异，应税所得从当期所得税和主导税率中推导出来。这种方法从费用确认角度考察会计稳健性，但仅仅是一个局部的计量，有可能稳健性更多表现在收入确认中，该计量中忽略了这点。Watts（2009）认为税收法规影响着会计稳健性，因为稳健性能够使盈利公司的管理者减少税收的现值从而增加公司价值。在财务报告中，税收与报告的联系也使财务报告产生稳健性。对收益与损失的不对称确认使盈利公司的管理者减少了税。周泽将和杜兴强（2012）研究发现，税收负担显著提高了会计稳健性，但按照盈利和亏损进行分组后研究发现，这一关系仅存在于盈利组中，而在亏损组中税收负担对会计稳健性无显著影响。

2.4 —————————— **本章小结** ——————————

本章对终极控制股东、投资者保护与会计稳健性分别进行了文献回顾。通过文献回顾，我们发现，国内外学者对终极控制股东、投资者保护与会计稳健性的研究表明，会计稳健性受终极控制股东和投资者保护的影响，同时，投资者保护制约终极控制股东行为。其中，国外文献对会计稳健性的研究时间较长，内容相对丰富。学者们对不同法源下不同国家股权结构（包括终极控制股权结构）与会计稳健性的关系进行了国际比较，但是，未就特定国家投资者保护水平的时期差异和区域差异对会计稳健性的影响进行研究，也未考察投资者保护是否以及如何影响终极控制股东与会计稳健性之间的关系。国内关于会计稳健性的研究相对薄弱，对终极控制股东、投资者保护与会计稳健性的研究存在许多问题：第一，在研究方法上，有学者将投资者保护不同时期会计稳健性的变化视作投资者保护对会计稳健性的影响。投资者保护只是会计稳健性影响因素之一，投资者保护不同时期会计稳健性的变化可能受投资者保护水平的影响，也可能受其他因素的影响。将投资者保护不同时期会计稳健性的变化视作投资者保护对会计稳健性的作用可能影响结论的可靠性。第二，缺乏考察终极控制股东金字塔股权结构安排以及由其产生的金字塔层级对会计稳健性的影响。中国上市公司普遍存在终极控制股东，金字塔股权结构是终极控制股东青睐的股权安排形式，金字塔层级不仅反映了金字塔结构的层次，而且影响控制股东的其他股权特征。考察中国上市公司终极控制股东金字塔股权结构安排以及由其产生的金字塔层级对会计稳健性的影响是必要的。第三，缺乏对中国上市公司投资者保护差异（包括时期差异和区域差异）与会计稳健性关系的研究。中国投资者保护水平总体较低，但是，近年来，中国投资者保护措施不断完善，保护水平不断提高。同时，中国投资者保护状况存在区域差异，东部地区投资者保护水平总体上优于其他地区。这一差异对不同地区上市公司的会计稳健性可能产生影响。因此，从投资者保护时期差异和区域差异研究投资者保护与会计稳健性的关系具有很强的现实意义。第四，对终极控股股东影响会计稳健性的研究不全面，如缺乏纵向分析影响董事会独立性的因素（如终极控制股东）对会计稳健性的影响。第五，缺乏将终极控制股东、投资者保护与会计稳健性纳入同一研究框架，考察终极控制股东、投资者保护以及二者的相互作用对会计稳健性的影响的研究。我们在现有研究基础上，结合中国制度背景，全面系统地研究中国投资者保护、上市公司终极控制股东，以及二者的相互作用对会计稳健性的影响，拓展了会计稳健性的研究内涵和外延。

第 3 章

制度背景分析

会计信息质量受国家政治、经济，以及公司制度的影响（Archambault 和 Archambault， 2003）。中国独特的制度背景以及由此产生的会计与证券监管是中国上市公司会计稳健性得以提高的外在制度原因（毛新述和戴德明，2008）。制度特征影响盈余度量属性和盈余信息质量，从而产生在同一国际公认会计原则下盈余信息质量显著的国别差异（Alford et al.， 1993；Amir et al.， 1993；Bandyopadhyay et al.， 1994；Barth 和 Clinch， 1996；Archambault 和 Archambault， 2003）。Lara 和 Mora（2004）研究发现，相同会计准则（如 IASB 标准）的使用有助于降低资产负债表稳健性的国别差异，但是，只要各国制度存在差异，即使实施共同的会计准则，盈余稳健性的国别差异仍然存在。Ball et al.（2000）研究指出，虽然会计准则影响会计稳健性，但是，仅靠包涵稳健内容的会计准则不足以提高会计稳健水平。会计稳健性除了受会计准则的影响外，还受特定国家制度特征的影响。不同的制度特征带来不同的会计稳健性需求，财务报告稳健性水平是不同制度安排的结果（Jia，2004）。

当前，中国经济处于转轨时期，存在特殊的制度背景。在西方制度背景下发展而来的会计稳健性理论不完全适用于解释中国上市公司的会计稳健性状况。因此，中国会计稳健性研究不能硬套西方模式。本章分析中国制度背景，为终极控制股东、投资者保护与会计稳健性研究提供现实背景。

3.1 ——————— 中国会计稳健性制度的产生与发展 ———————

自20世纪90年代初以来，中国经历了4次大规模的会计制度改革，会计稳健制度在会计制度改革过程中被逐渐引入并得到加强。

3.1.1 准备阶段

改革开放以前，中国参照前苏联模式建立了集中统一的计划经济体制和会计模式。该模式下的会计工作与统计工作相似，对企业价值的核算有限。这一时期，会计是国家执行计划管理的基础（刘怀德，1996），没有会计稳健性的市场需求和相关规定，遑论会计信息稳健。

随着改革开放的推进，国家对企业的直接管理转向间接调控，外资企业和股份制企业增加，现有会计制度无法满足经济发展和管理需要，中国会计改革启动并加快进程。提高会计信息可靠性和相关性成为这一时期会计改革的基本目标。1985年3月和4月，财政部分别发布了《中外合资经营工业企业会计制度》和《中外合资经营工业企业会计科目和会计报表》，更新了会计专业术语、初步引入财务会计概念框架、借鉴西方会计核算方法和体系（栾甫贵，2008）。其中，会计制度中引入资本概念取代了以前会计制度中"资金"的定义，同时还引入了以前认为属于资本主义的专业术语，如"股利""票据""无形资产"等。会计概念的更新，适应了计划经济体制向市场经济体制转变的需求，为市场经济体制下包括稳健性制度在内的会计体系的建立打下了基础。

3.1.2 引入阶段

1992—1997年间，中国进行了重大的会计制度改革，财政部先后发布了《企业会计准则——基本准则》《企业财务通则》，并制定了工业企业、商品流通、交通运输等13个分行业的会计制度及相关财务制度，简称"两则两制"，实现了中国会计核算模式由适应高度统一的计划经济体制向适应社会主义市场经济体制的财务会计核算模式的转换，由多种记账

48

方法统一为借贷记账法，以国际通行的资产负债表、损益表、财务状况变动表等取代了单一的资金平衡表，并且确立了会计核算基本前提（即会计主体、会计分期、持续经营、货币计量）和会计核算基本原则（包括客观性原则、可比性原则、配比性原则、权责发生制原则、谨慎性原则等）。1992 年的会计改革不仅彻底打破了计划经济体制下的会计核算制度，而且首次把谨慎性（即会计稳健性）列为会计核算基本原则之一。但是，准则仅允许应收账款计提坏账准备，对稳健会计具体内容的规范非常有限。

3.1.3　全面贯彻阶段

1998—2006 年间，继"两则两制"之后，中国会计制度改革向国际会计准则方向靠拢并与之接轨，强调会计信息的稳健性。1998 年出台的《股份有限公司会计制度》拓展了会计稳健性原则的运用范围，制度增加了短期投资跌价准备、长期投资减值准备、存货跌价准备的提取许可。根据合同规定已完成的工程进度和尚未完成的工程量，如预计可能发生亏损的，也允许计提亏损准备，并扩大了坏账准备的提取范围。1999 年修订的《会计法》第二十六条对贯彻稳健性原则作了特别规定，实现了《会计法》的重要突破（刘玉廷，2009）。

随着市场经济改革的深化，分行业会计制度不能满足会计核算的需要。同时，随着中国加入国际会计师联合会以及加入世界贸易组织，提高会计信息可靠性和透明度，建立统一的会计核算制度成为会计改革的需求。在此背景下，财政部于 2000 年颁布了不分行业的《企业会计制度》，标志着中国会计核算制度走向成熟。至 2001 年底，中国出台了基本会计准则、16 项具体会计准则和企业会计制度，在原有四项减值准备的基础上，增加了四项减值准备（即固定资产、无形资产、在建工程、委托贷款的减值准备），并且规定非货币性交易、债务重组收益计入所有者权益等，在会计要素的确认、计量等技术层面全面贯彻稳健性原则（毛新述和戴德明，2009）。

3.1.4　深化阶段

2006 年以后，中国会计制度经历了会计史上的重大变革。财政部于

2006年2月15日颁布修订后的会计准则体系由1项基本会计准则、38项具体会计准则和《企业会计准则应用指南》组成。修订后的会计准则体系与美国财务会计准则（FASB）和国际财务报告准则（IFRS）全面趋同，强化了会计稳健性在会计确认、计量、记录和报告过程中的应用。会计稳健性在资产减值准则中得到突出的应用，例如，修订后的会计准则增加了生物资产计提减值准备的相关规定，改变了非货币性资产交换损益的处理方式，对研究开发费用的会计处理进行了改革。资产减值准则充分体现了会计稳健性不高估资产的理念。

与西方国家会计稳健性产生的原因不同，中国的会计稳健性制度是在会计改革过程中被逐渐引入并得到加强。谢志华和杨克智（2011）认为，以盈余为基础的监管和评价制度是中国会计制度中稳健性被强化的外在制度原因。李增泉和卢文彬（2003）指出，会计稳健原则影响会计盈余的稳健程度。中国会计稳健性产生和发展的制度背景影响会计稳健性水平及经济作用的发挥。

3.2 —————— 中国上市公司治理结构特征 ——————

良好的公司治理结构能够降低控制股东与中小股东之间的信息不对称，为公司各利益主体提供质量更高的会计信息，更好地维护中小投资者合法权益。作为高质量会计信息表征的会计稳健性，受公司治理结构和机制的影响。我国《公司法（2013年新修订）》规定公司治理结构由股东会、董事会、监事会构成，并规定了各构成部门的职责。当前，中国上市公司治理效率低下，按法律规范建立的公司治理结构与现代公司制度内涵运行机制效率期望之间差距较大（肖作平，2005）。我们从股权结构、董事会特征、监督机制等方面进行分析，为终极控制股东、投资者保护与会计稳健性关系的研究提供公司治理方面的制度背景。

3.2.1 股权结构

股权结构影响股东、债权人、经理层之间的委托代理关系，是公司治理的基础和研究公司治理的起点。在中国特定制度环境下形成的公司股权结构不同于西方发达国家，也与其他新兴经济国家（如巴西、印度、俄罗斯、南非）不同。当前，中国上市公司股权结构呈现出结构复杂、集中度高、国有股比重大、民营股激增等特征。这些特征是影响会计稳健性水平的重要因素。

1）股权结构复杂

股份按股东居住地分为内资股和外资股，按投资主体分为国有股、法人股和社会公众股。根据流通性，中国上市公司股份分为流通股和非流通股。这是中国资本市场特有现象。流通股包括 A 股、B 股、H 股、N 股等可上市流通股份。非流通股是指在中国 A 股市场不能流通的股份，包括国家股、国家法人股、境内法人股、境外法人股、职工股和其他[①]。非流通股份不能上市流通。在中国股权分置改革前，上市非流通股比重近 2/3。2005 年实施以 A 股市场全流通为目标的股权分置改革后，只有个别未完成股改的公司还存在非流通股。随着中国资本市场的健全和完善，非流通股成为历史。

2）股权集中度高，制衡度低

中国上市公司股权集中在大股东手中，多数公司第一大股东拥有绝对控制权。我们对 2003—2012 年中国上市公司前十大股东持股进行了统计（见表 3-1）。

表 3-1　　**直接控股股东持股比例分布（2003—2012）**[②]　　单位：%

	2003	2004	2005	2006	2007	2008	2009	2010	2011	2012
HSD_1	42.64	41.90	40.46	36.55	36.20	36.37	36.61	36.67	36.29	36.42
HSD_{2-3}	12.89	13.66	13.69	12.92	12.67	12.40	12.50	13.35	13.84	13.90
HSD_{4-5}	3.15	3.42	3.42	3.59	3.59	3.40	3.60	4.14	4.33	4.15
HSD_{6-10}	2.51	2.79	2.98	3.72	3.90	3.65	3.92	4.64	4.71	4.41
HSD_{1-10}	61.19	61.78	60.55	56.78	56.36	55.81	56.63	58.80	59.16	58.89

注：数据来自 CSMAR（2014）。

① 其他涵盖转配股、基金配售股份、战略投资者配售股份。
② HSD_1 表示第一大股东持股均值，HSD_{2-3} 表示第二至第三大股东持股比例之和的均值，HSD_{4-5} 表示第四至第五大股东持股比例之和的均值，HSD_{6-10} 表示第六至第十大股东持股比例之和的均值。

表3-1的数据显示，中国上市公司股权集中度较高。其中，第一大股东持股比例在36%以上，能够绝对控制上市公司。第二至第三大股东持股之和的均值在13%左右，第四至第五大股东持股比例之和的均值仅在3%到4%之间，第六至第十大股东持股比例之和的均值最大也未超过5%。数据显示，中国上市公司"一股独大"问题突出，股权分布不均衡，多数公司的其他股东难以与第一大股东制衡。表3-2反映了中国上市公司2012年股权制衡情况。

表3-2　　　　中国上市公司Z指数和H指数描述性统计（2012）[①]

项目	Z指数	H_3指数	H_5指数	H_{10}指数	样本数
均值	13.671	0.176	0.178	0.179	2 492
中值	4.127	0.147	0.149	0.150	2 492
标准差	30.636	0.128	0.127	0.127	2 492
极小值	0.000	0.001	0.001	0.001	2 492
极大值	608.786	0.800	0.800	0.800	2 492

注：数据来自CSMAR（2014）。

表3-2反映了2012年中国上市公司的Z指数和H指数，其中，中国上市公司Z指数均值大于13。H_3、H_5、H_{10}的均值分别为0.176、0.178和0.179，表明前三大股东之间、前五大股东之间和前十大股东之间股权分布都不均衡，第一大股东持股大，其他股东持股小，第二至第十大股东持股比例之和也不足以同第一大股东持股比例抗衡。

民营上市公司在中国A股市场历经20多年的发展后，上市公司在数量上与国有上市公司平分秋色。统计资料显示，截至2010年，中小板和创业板已经上市的669家公司中，民营上市公司占85%。民营上市公司发展快，比重大，对资源有效配置和资本市场有序运行发挥着不可忽视的作用。唐建新等（2013）研究发现，中国民营上市公司存在"一股独大"现象。

表3-3反映了民营上市公司2003—2010年的股权结构，其数据显示，民营上市公司第一大股东持股比例均值超过34%，超过一半的样本公

---

① Z指数是指第一大股东与第二大股东持股比例的比值，Z指数越大表明两大股东之间股权差异越大；H，即Herfindahl指数，是前几大股东持股比例的平方和，用来表示股权集中度，H_3、H_5、H_{10}分别表示前三大股东、前五大股东和前十大股东持股比例的平方和。H指数越大，股权分布越不均衡。

司第一大股东的持股比例不低于30%。第二至第十大股东持股比例之和的均值小于第一大股东。第二至第十大股东持股比例能够制衡第一大股东的公司仅占34.83%。第一大股东所占董事会席位均值达到32.11%。唐建新等（2013）的研究表明，中国民营上市公司股权集中，对公司经营活动产生较大影响。

表3-3　　　　　　　　**民营上市公司股权结构**[①]　　　　　　　　单位：%

项目	样本数	最小值	最大值	平均值	标准偏差
First	1 602	1.0600	80.6000	34.3868	13.8023
First2	1 602	0.0000	100.00	55.3700	49.7300
Balance	1 602	1.1100	70.2200	23.3547	12.9383
Balance2	1 602	0.0000	100.00	34.8300	47.6600
Control	1 602	0.0000	100.00	32.1100	29.4900

注：数据来自唐建新，李永华，卢剑龙（2013）。

3）终极控制股东特征

中国上市公司的终极控制股东普遍存在，且持股较大。刘芍佳等（2003）研究发现，上市公司的大股东平均持有公司约44%的股份。叶勇等（2005）研究发现，2003年中国上市公司终极控制股东持股比例均值为37.84%。甄红线和史永东（2008）以20%为阈值进行统计发现，2005年中国上市公司终极控制股东持股比例为32.61%，其中，国有终极控制股东达到37.65%，远高于La Porta et al.（1999）研究发现世界27个国家相应平均指标为18.33%的股权集中度。

终极控制股东两权偏离度大。甄红线和史永东（2008）研究发现，终极控制股东持有的现金流量权与投票权之比的均值为0.81，控制权高于现金流量权。不同性质的终极控制股东的两权偏离度不同，其中，比值最高的是国家（0.89），其次是外资企业（0.68），最低的是境内自然人（0.63）。该数据表明，境内自然人两权偏离度最大，国家作为终极控制股东的两权偏离度最小，外资企业居于中间。终极控制股东掠夺中小投资者的动机和能力随着现金流量权与控制权偏离度的增大而增强。因此，中国

---

　　① First表示第一大股东持股比例；First₂为股权集中度哑变量，First>或=30%，First=1，否则，First=0；Balance为股权制衡度，表示第二至第十大股东持股比例之和除以第一大股东持股比例；Balance2股权制衡度哑变量，Balance>或=1，Balance2=1，否则，Balance2=0；Control为第一大股东对董事会的控制力度。

境内自然人作为所有者比国家获得控制权私有利益可能更大。我们对终极控制股东两权偏离度进行了国际比较，见表3-4。

表3-4　　　　　　**终极控制股东两权偏离度的国际比较**[①]

国家或地区	公司数量	均值	25分位数	中位数	75分位数	标准差
澳大利亚	95	0.851	0.704	1.000	1.000	0.224
比利时	120	0.779	0.596	1.000	1.000	0.360
芬兰	119	0.842	0.8000	1.000	1.000	0.246
法国	604	0.930	1.000	1.000	1.000	0.189
德国	690	0.842	0.709	1.000	1.000	0.267
爱尔兰	68	0.811	0.683	1.000	1.000	0.321
意大利	204	0.743	0.548	0.971	1.000	0.337
挪威	149	0.776	0.532	1.000	1.000	0.341
葡萄牙	86	0.924	1.000	1.000	1.000	0.218
西班牙	610	0.941	1.000	1.000	1.000	0.178
瑞典	244	0.790	0.526	1.000	1.000	0.339
瑞士	189	0.740	0.468	0.830	1.000	0.290
英国	1 628	0.888	0.907	1.000	1.000	0.228
西欧地区	4 806	0.868	0.852	1.000	1.000	0.255
中国香港	330	0.882	0.800	1.000	1.000	0.214
印度尼西亚	178	0.784	0.630	0.858	1.000	0.241
日本	1 117	0.602	0.200	0.600	1.000	0.376
韩国	211	0.858	0.700	1.000	1.000	0.229
马来西亚	238	0.853	0.733	1.000	1.000	0.215
菲律宾	99	0.908	1.000	1.000	1.000	0.201
新加坡	211	0.794	0.600	0.800	1.000	0.211
中国台湾	92	0.832	0.700	0.975	1.000	0.198
泰国	135	0.941	1.000	1.000	1.000	0.164
东亚地区	2 611	0.746	0.450	1.000	1.000	0.321
中国内地	1 254	0.796	0.050	1.000	1.000	0.266

资料来源：西欧国家的数据选自 Faccio 和 Lang（2002），东亚国家的数据选自 Claessens et al.（2000），中国内地的数据选自肖作平（2012）。

---

① 两权偏离度以现金流量权/控制权表示，比值越大说明控制权和现金流量权的分离程度越小。

表 3-4 的数据显示，西欧 13 国上市公司终极控制股东两权偏离度指标均值为 0.868，东亚 9 个国家和地区的均值为 0.746，中国内地的均值为 0.796。中国上市公司终极控制股东两权偏离的平均水平介于西欧和东亚国家或地区之间。其中，在西欧和东亚共 22 个国家和地区中，比中国内地上市公司终极控制股东两权偏离度大的国家或地区有 14 个，表明中国内地上市公司终极控制股东两权偏离度比多数其他国家或地区的同类指标值更大。研究还发现，中国内地上市公司终极控制股东主要通过金字塔股权安排分离两权（如刘芍佳等，2003；甄红线和史永东，2008 等）。

中国内地上市公司终极控制股东以国家和境内自然人为主。刘芍佳等（2003）对 2001 年中国内地上市公司股权结构的研究发现，与其他新兴市场国家以私有产权为主导的股权结构相比，中国内地上市公司仍然直接或间接地被政府最终控制。叶勇等（2005）以 2003 年上市公司数据为样本研究发现，中国内地 72.06% 的上市公司由政府最终控制，但是控制比例呈明显的下降趋势；非政府控制的上市公司为 20.64%，有明显的上升趋势。甄红线和史永东（2008）在 20% 的阈值下，对截至 2006 年底的上市公司的研究发现，上市公司直接控制股东以境内法人为主导，间接控制股东以国家和境内自然人为主。国家和境内自然人通过境内法人实施对上市公司的间接控制，从而成为上市公司最重要的终极控制股东；在 20% 的投票权阈值下，89.02% 的上市公司有终极控制股东；中国内地上市公司终极控制股东以监督效率较低的国家和境内自然人为主，监控能力较强的机构投资者和外国投资者缺乏。

终极控制股东是公司的实际控制人，通过各种途径参与公司决策（肖作平，2012；苏忠秦和黄登仕，2012）。终极控制股东两权偏离度及产权性质等特征影响公司会计制度制定和会计政策选择，这一影响也将体现在公司确认收益与损失的及时性方面，从而影响上市公司会计稳健性水平（Fan 和 Wong，2002；Haw et al.，2010）。

3.2.2 董事会特征

中国公司法规定股份有限公司董事会由 5~19 人组成。我们对 2012 年的上市公司进行了统计，见表 3-5。

表3-5 董事会规模分布

董事人数（人）	5	6	7	8	9	10	11	12	13	14	15	16	17	18
公司数（个）	71	70	380	181	1 312	71	231	69	28	21	41	3	8	6
百分比（%）	2.8	2.8	15.2	7.3	52.6	2.8	9.3	2.8	1.1	0.8	1.6	0.1	0.3	0.6
累计百分比（%）	2.8	5.7	5.7	28.2	80.8	83.7	92.9	95.7	96.8	97.7	99.3	99.4	99.8	100

资料来源：数据来自国泰安数据库（CSMAR，2014）。

表3-5的数据显示，上市公司董事会规模符合公司法的规定。董事会人数在7至11人之间的公司占总体样本的87.2%。其中，董事会人数为9人的公司比重最大，为52.6%。上市公司董事会规模虽然符合规定，但是，董事会独立性较低，表现在以下几个方面：

1）董事会人选决定权被大股东垄断

肖作平（2008）研究发现，在国有上市公司中，国家处于绝对控制地位，通过直接或间接方式选定的董事近70%。苏忠秦和黄登仕（2012）研究指出，中国缺乏有效的经理人市场，公司董事会通常被终极控制股东控制。唐建新等（2013）以2003—2010年民营上市公司为样本，选取关联交易作为衡量大股东掏空行为的变量，研究发现大股东首先通过获取上市公司的控制权达到掏空上市公司的目的。当大股东不能通过股权控制上市公司时，转而通过控制董事会实现控制目的。

2）独立董事独立性差

中国证监会于2001年颁布的《关于在上市公司建立独立董事制度的指导意见》规定，上市公司在董事会中设立独立董事。设立独立董事制度的目的是形成权力制衡与监督机制。我们考察了2012年以来在深、沪上市的2 492家公司董事会成员状况，见表3-6。

表3-6 独立董事人数频率分布

独立董事人数（人）	2	3	4	5	6	7	8
公司数（个）	96	1 787	461	121	22	3	2
百分比（%）	3.9	71.7	18.5	4.9	0.9	0.1	0.1
累计百分比（%）	3.9	75.6	94.1	98.9	99.8	99.9	100.0

资料来源：数据来自国泰安数据库（CSMAR，2014）。

表 3-6 的数据显示，2 492 家样本公司中，独立董事人数分布在 2~8
名之间。其中，聘请 3 名独立董事的公司最多，占样本公司的 71.7%，其
次是 4 名，占样本公司的 18.5%，聘请 6 名及以上独立董事的公司较少，
仅占样本公司的 1% 左右。如表 3-6 所示，公司按规定设置了相应的独立董
事。但是，中国上市公司独立董事由公司聘请，薪酬由公司支付的独立董事
制度难以保证独立董事的独立性。在独立董事来源方面，官员任独立董事
（简称"官员独董"）比重大，是中国上市公司独立董事的显著特征。"官员
独董"能协调一些一般人无法搞定的事项，尤其是在获取政府资源方面。据
报道①，截至 2014 年 4 月 28 日，沪深约 2 400 家上市公司的 6 950 名独董中，
约 10% 的独董系"官员独董"。"官员独董"的官方人脉资源能为公司获取更
大利益提供便利，破坏了市场经济公平竞争秩序。2013 年下发《关于进一步
规范党政领导干部在企业兼职（任职）问题的意见》，出手清理"官员独
董"，厘清"官商"关系，此举有利于保障市场公平竞争，也从另一个层面
反映了中国上市公司独立董事不独立的严重问题和提高独立董事独立性的重
要性。"官员独董"难以真正保持独立和有效维护中小股东利益。

中国上市公司独立董事较低的独立性导致独立董事在实践中发挥的监
督作用有限。叶康涛等（2011）对 2005—2007 年 A 股上市公司的研究发
现，独立董事对董事会议案提出过公开质疑的公司只有 4%。表 3-7 和表
3-8 列出了独董异议意见类型和独董提出异议的原因。

表 3-7 的数据显示，其他意见和弃权意见是独立董事发表的主要的异议
意见类型，反对意见仅占 13%，反映出独立董事较少采用激烈的意见表达方
式，更多地采用较为缓和的意见来表达自己的异议态度（叶康涛等，2011）。

表 3-7　　　　　　　　　　独董异议意见类型

异议意见类	2005	2006	2007	合计	比例（%）
反对	19	39	6	64	12.96
弃权	22	53	10	85	17.21
保留意见	20	38	4	62	12.55
无法表示意见	6	22	5	33	6.68
提出异议	0	9	9	18	3.64
其他	7	93	132	232	46.96

---

① 参见理财周刊：http://stock.10jqka.com.cn/20140612/c566040719.shtml。

表3-8   **独董提出异议的原因**

独董提出异议的原因	频次	比例（%）
不了解议案相关信息	35	12.77
议案可能损害股东利益	129	47.08
公司治理结构存在缺陷	47	17.15
出于谨慎性原则	60	21.90
未列席	3	1.09
合　　计	274	100.00

表3-8的数据显示，近一半的质疑是由于独董认为议案可能损害股东利益，另有22%的议案因谨慎性原则而遭到质疑。此外，17%的议案遭到质疑是由于治理结构存在缺陷（叶康涛等，2011）。

董事会独立性是有效发挥董事会职能和提高监督效率的重要保障。中国上市公司董事会往往被大股东控制，难以牵制控制股东的"隧道"行为，不能有效代表和维护广大中小股东和债权人利益。当控制股东为隐瞒其"掏空"行为操纵公司会计业绩时，独立性较低的董事会不但不能有效监督，甚至为其创造条件，从而降低公司财务报告质量和透明度。

3.2.3　监督机制

监督机制是公司治理的重要内容。世界上存在两种典型的公司监督模式，即监事会模式和独立董事模式，分别以德国和美国为代表。中国采用的是将两种机制融合在同一公司内的混合模式（杨有红和徐心怡，2007）。监事会是公司治理结构组成之一。中国公司法规定：股份有限公司设监事会，其成员不得少于3人。监事会应当包括股东代表和公司职工代表，其中，职工代表比例不得低于三分之一。董事、高级管理人员不得兼任监事。我们对2012年中国上市公司监事会规模进行了统计，见表3-9。

表3-9 **上市公司监事会规模分布（2012）**

监事人数	1	2	3	4	5	6	7	8	9	10	11	12	13
公司数	1	16	1 707	56	567	39	71	9	18	1	3	3	1
百分比（%）	0	0.6	68.5	2.2	22.8	1.6	2.8	0.4	0.7	0	0.1	0.1	0
累计百分比（%）	0	0.7	69.2	71.4	94.2	95.7	98.6	99.0	99.7	99.7	99.8	100.0	100.0

资料来源：国泰安数据库（CSMAR）。

表3-9的数据显示，2012年，上市公司监事会人数分布在1~13人之间。其中，有17家公司成员未满足公司法规定的监事会人数不得少于3人的最低标准，占总体样本的0.7%。监事会人数在3至5人之间的公司有2 330个公司，占总体样本的93.5%，6人以上的公司占比不到6%。

《公司法》赋予监事会同时监督董事会和经理层的职能。但是，在中国目前的股权特征下，监事会实际上与董事会一样都受到第一大股东的控制和操纵。尽管难以了解监事会在独立行使公司内部监控职能过程中的方式、程序和手段，但是，难以想象在受制于大股东和董事会的情况下监事会能够真正独立地行使职权，至少其监督效率和效果很难超过外部独立审计（李爽和吴溪，2003）。监事会在实践中发挥的监督作用非常有限。中国上市公司监事会缺乏权威性和权力（坦尼夫和张春霖等，2002；杨有红和徐心怡，2007）。李爽和吴溪（2003）研究发现，监事会在公司治理，尤其是在对外部审计的支持方面没有发挥预期作用。吴凡和卢阳春（2010）指出，国企内部治理中的董事会行政色彩严重、监事会作用有限。监事会制度在中国形同虚设的问题根源不仅存在于其制度运行的执行过程中，更在于其机制本身设计的先天性缺陷。中国目前采用的监督机制在结构上存在叠加，在职能上相互替代（杨有红和徐心怡，2007）。

审计委员会是董事会下设置的专业委员会，20世纪70年代产生于美国。中国借鉴国外公司治理机制，2002年1月颁布的《上市公司治理准则》首次建议上市公司设立审计委员会。审计委员会隶属于董事会，对董事会负责。现行审计委员会职责规定可操作性低，发挥的公司治理作用有限。上市公司自愿设立审计委员会。当前，不少公司已经建立审计委员会。现有研究认为，审计委员会对会计信息披露质量的促进作用有限。王跃堂和涂建明（2006）对2002—2004年中国A股上市公司审计委员会设立及其正常运转进行了研究，没有获得审计委员会实现有效监督职能的证据。杨忠莲和徐政旦（2004）对中国382家成立审计委员会的动机进行实证研究，发现中国公司成立审计委员会只是受董事会和外部董事的影响，不具有提高财务报告质量的动机。

3.3 资本市场发展状况

资本市场是重要的融资场所和资源配置中心，对现代经济的发展产生重大影响。资本市场功能和作用的发挥最终通过价格和收益实现，资本市场参与主体的终极目标是利益。因此，作为对产权进行界定、计量、记录、报告和控制的会计就成为资本市场发展的一个核心因素（李国运，2007）。财务报告和信息披露制度是解决资本市场信息不对称问题的重要机制。真实可靠的会计信息有助于优化资本市场资源配置功能。同时，资本市场的健康有序发展也能促进高质量会计信息的需求。现代证券市场的有效性是建立在信息披露制度基础上的（孙铮，1997）。

中国资本市场发展迅速，在20多年的时间里取得了显著的成就。2011年，中国资本市场规模上了一个新台阶，股票总市值居世界第二。中国资本市场不仅在规模和广度上跃居世界前茅，在深度上也初显成效。但是，中国资本市场存在结构性失衡问题，股票市场迅速发展和急剧扩张，企业债券市场未得到应有的发展（肖作平，2009）。

3.3.1　股票市场

中国股市成立于 1990 年。与世界上第一个证券交易所——阿姆斯特丹相比（成立于 1609 年），中国股市的出现晚了 300 多年。与欧洲其他主要资本主义国家股市相比，中国股市的成立也要晚百余年。虽然中国股市成立时间晚，但是，发展迅速。截至 2011 年 12 月 31 日，已有 2 342 家上市公司，仅发行 A 股的公司达到 2 162 家，发行 A、B 股的公司 85 家，发行 A、H 股的公司 72 家，仅发行 B 股的公司 22 家。2011 年累计成交金额达 42.03 万亿元，股票市价总值为 21.33 万亿元，投资者户数 14 050.37 万户。我们对 2001—2011 年各年上市公司总数及不同类别股份公司构成进行了统计，如图 3-1 所示。

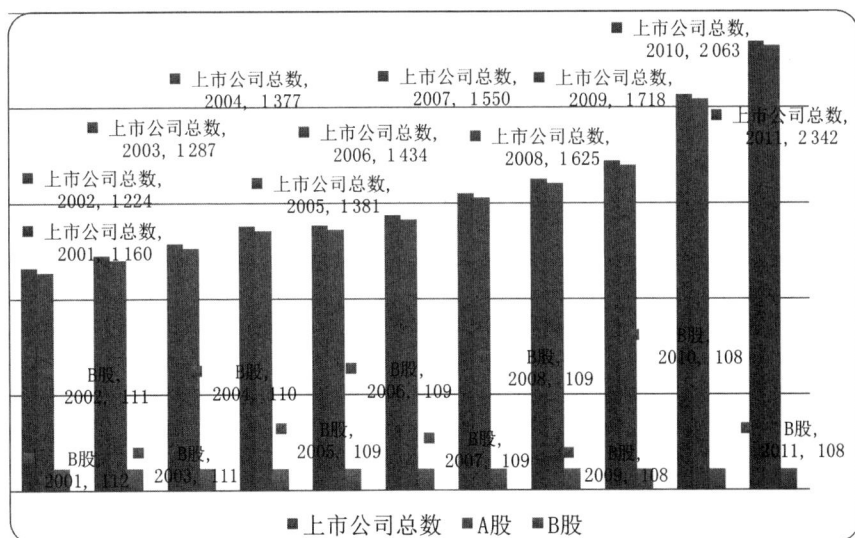

图 3-1　2001—2011 年中国各股份类别上市公司数量

图 3-1 显示，2001—2011 年间，中国上市公司数量呈逐年上升趋势，2007 年后增长加速，年平均增长速度达到 11%。其中，A 股上市公司占 97% 以上，总体呈上升趋势；B 股上市公司比重较小，相对稳定。我们对 2001—2011 年中国股市发展状况进行了统计，见表 3-10。

表3-10　　　　　　　　2001—2011年中国股票市场概况表

年份	上市公司数（家）	股票成交数（亿股）	股票成交金额（亿元）	投资者户数（万户）	股票市价总值（亿元）	股票市价总值/GDP
2001	1 160	3 152.29	38 305.18	6 898.68	43 522.20	0.3969
2002	1 224	3 016.19	27 990.46	6 841.84	38 329.13	0.3185
2003	1 287	4 163.08	32 115.27	6 981.24	42 457.72	0.3126
2004	1 377	5 827.73	42 333.95	7 215.74	37 055.57	0.2318
2005	1 381	6 623.73	31 664.78	7 336.07	32 430.28	0.1754
2006	1 434	16 145.23	90 468.89	7 854.00	89 403.89	0.4133
2007	1 550	36 403.76	460 556.22	13 886.18	327 140.89	1.2307
2008	1 625	24 131.39	267 112.66	10 449.69	121 366.44	0.3865
2009	1 718	51 107.00	535 986.76	12 037.69	243 939.12	0.7156
2010	2 063	42 151.98	545 633.54	13 391.04	265 422.59	0.6611
2011	2 342	33 957.53	421 649.73	14 050.37	214 758.09	0.4541

资料来源：《中国统计年鉴（2012）》，中华人民共和国国家统计局[1]；《中国证券期货统计年鉴（2012）》，中国证监会管理委员会[2]。

截至2011年12月31日，中国股票市场股票成交数达到33 957.53亿股，是2001年的10倍；成交金额达到421 649.73亿元，是2001年成交金额的11倍；投资者户数比2001年增加了1倍；股票市价总值214 758.09亿元，占当年国民生产总值（GDP）的45.41%。

股权分置改革是中国股市发展过程中的根本性制度变革。在股改前，中国A股市场上市公司股份根据能否在证券交易所上市交易划分为两类：一类是向社会公众公开发行并在证券交易所挂牌交易的，称为流通股；另一类是公司公开发行前股东所持有股份（其中绝大多数为国有股）只能通过协议方式转让，称为非流通股。随着资本市场改革开放和稳定发展，股权分置阻碍了资本市场的发展。2005年，中国证监会实施股权分置改革。截至2006年12月31日，中国的股权分置改革基本完成。股权分置改

[1]　中华人民共和国国家统计局网址：http://www.stats.gov.cn/tjsj/ndsj/2012/indexch.htm。
[2]　中国证监会管理委员会网址：http://www.csrc.gov.cn/pub/newsite/xxfw/cbwxz/tjnj/。

革引导股东价值取向由账面价值最大化向市场价值最大化转变，管理层报酬契约的结构和内容因此发生变化，从而导致管理层报酬对会计业绩、市场业绩等因素敏感度的变化。这些变化可能影响会计信息披露政策和会计信息质量。雷光勇等（2010）选取了 2002—2006 年沪深交易所上市公司为研究样本，对股改前后中国上市公司会计业绩与经理薪酬之间的敏感度变化进行检验，研究发现，股改后经理行为对会计业绩敏感性增强，公司长期发展的会计业绩变量回归系数及显著性水平显著提高，公司治理机制得到改善。张学勇和廖理（2010）实证研究股权分置改革对公司自愿性信息披露行为的影响及其内在机理，发现无论是政府控制公司还是家族控制公司，股权分置改革都可以有效地提升公司自愿性信息披露水平，因为股权分置改革通过改变上市公司股东之间利益基础的一致性改善了公司治理。

近年来，为适应多元化投融资需求，中国构建多层次资本市场体系初显成效。2004—2011 年，中国中小板市场上市公司数以 49% 的平均增长速度增长，截至 2011 年 12 月 31 日，中小板上市公司已达 646 家。创业板市场也快速发展，2009 年末，创业板上市公司仅有 36 家，2010 年达到 117 家，2011 年增至 281 家。其他条件不变的情况下，交易所市场更依赖于市场和法律制度的完善，因为市场和法律制度越完善，信息成本就越低。能够进入交易所进行融资的企业必然是那些提供信息质量较高的大企业，那些信息不透明的中小企业的融资请求被拒之门外。在另外一些资本市场上，企业入市需要提供的信息相对较少，信息成本高的中小企业的融资需求就可以得到满足（胡海峰和罗惠良，2009）。多层次资本市场可以甄别和分散不同融资风险，缓解信息不对称和信息不完善等问题。

3.3.2 债券市场

债券市场发展程度影响市场完备性。市场中不可避免地存在信息不对称问题。及时、稳健的会计信息有助于降低债券定价过程中的信息不对称性。自 1981 年恢复发行国债，1984 年开始发行企业债券以来，中国债券市场经历了 30 多年曲折的探索历程。截至 2011 年底，上交所上市债券现货品种为 630 只，其中，政府债现货 213 只，托管量 1 938.01 亿元，公司债现货 417 只，托管总量 2 204.80 亿元；深交所上市债券现货品种 321 只，上市国债 222 只，托管量 51.12 亿元；企业债 106 只，托管量 173.59 亿元；可转换债券 6 只，托管量 74.16 亿元[①]。

中国债券品种包括国债、金融债、企业债和公司债四类。国债，是以国家信用为基础，由国家发行的债券。国债是所有债券中信用度最高的债券。金融债是由银行和非银行金融机构发行的债券，英美等国家将其归为公司债券，中国和日本将其归为金融债券。企业债指具有法人资格的企业依照法定程序在境内发行、约定在一定期间内还本付息的有价证券（金融债券和外币债券除外）。公司债券是指证券公司依法发行的、约定在一定期限内还本付息的有价证券。截至 2011 年末，上海、深圳证券交易所共有 167 个公司发行了公司债券。西方国家只有股份公司才发行债券，没有企业债券与公司债券之分。我们对近年来中国各类债券的发行情况进行了统计，见表 3-11。

表 3-11　　　　　**2001—2011 年全国债券发行概况表**　　　　单位：亿元

年度	国债			金融债			企业债			公司债		
	发行额	兑付额	期末余额	发行额	兑付额	期末余额	发行额	兑付额	期末余额	发行额	兑付额	期末余额
2001	4 884	2 286	15 618	2 590	1 439	8 534	147	—	—	—	—	—
2002	5 934	2 216	19 336	3 075	1 556	10 054	325	—	—	—	—	—
2003	6 280	2 756	22 604	4 561	2 505	11 650	358	—	—	—	—	—
2004	6 924	3 750	25 778	5 009	1 779	14 880	327	—	—	—	—	—
2005	7 042	4 046	28 774	6 818	2 053	19 703	2 047	37	—	—	—	—
2006	8 883	6 209	31 449	9 520	3 790	25 730	3 938	1 672	—	—	—	—
2007	23 139	5 847	48 741	11 913	4 134	33 343	5 059	2 881	7 683	—	—	—
2008	8 558	7 531	49 768	10 823	4 064	36 686	8 435	3 278	12 851	—	—	—
2009	17 927	9 745	57 950	11 678	3 745	44 819	15 864	4 309	24 406	638	—	1 038
2010	19 778	10 043	67 685	13 193	5 648	52 363	15 491	5 099	34 672	603	—	1 641
2011	17 100	10 959	73 827	19 973	7 317	65 019	21 851	10 216	46 457	1 253	51	2 843

资料来源：《中国证券期货统计年鉴（2012）》，中国证券监督管理委员会编[②]。

---

① 见《中国证券期货统计年鉴（2012）》。
② 中国证券监督管理委员会网址：http://www.csrc.gov.cn/pub/newsite/xxfw/cbwxz/tjnj/。

表3-11的数据显示，在2007年前，国债和金融债发行金额远大于企业债，公司债发行金额为零。2007年后，虽然国债和金融债仍然占主导地位，但是，与企业债发行金额差距缩小。2009年后增加了公司债的发行。表3-11的数据表明，中国债券市场内部结构失衡。图3-2反映了2001—2011年中国债券市场各类债券结构比。

图3-2表明，债券结构比重失衡。其中，占全国债券比重最大的是国债，其次是金融债和企业债，公司债比重最低而且发行时间晚。从各类债券结构比发展趋势来看，国债和金融债逐年递减，企业债逐年增加。公司债市场的发展严重滞后，在债券市场中的份额不能满足企业的融资需求，债券融资比例低于发达国家成熟资本市场中的债券占比。债券结构失衡导致诸多问题，如利益输送、违规交易等，同时，会计信息作用尚未得到充分发挥（王博森和施丹，2014）。

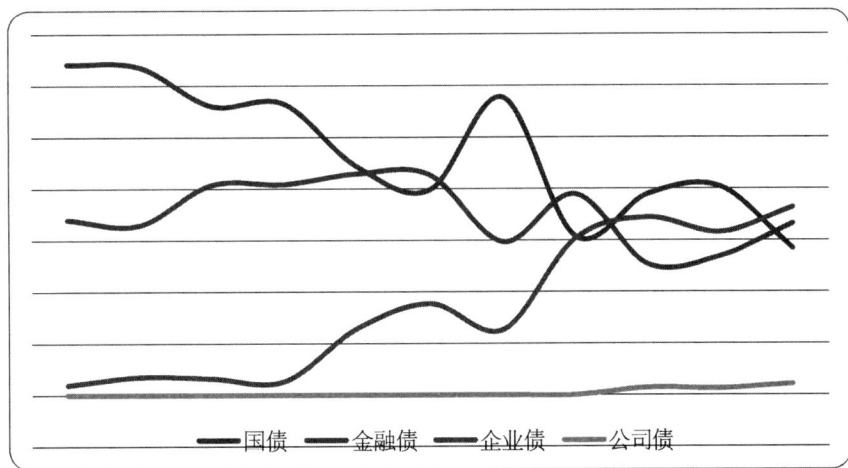

图3-2　2001—2011年全国债券发行结构比重图①

从上述股票市场和债券市场的研究可以看出，近年来中国资本市场发展迅速。但是，当前中国资本市场依然处于转轨时期。与成熟市场的发展模式不同，中国资本市场是在政府和市场的共同推动下发展起来的。当前，中国资本市场存在整体规模偏小、结构失衡、流动性低、发展不平衡等问题，在投资者教育、投资文化方面仍有很大的改进空间。中国资本市

①　根据表3-11数据整理绘制。

场面临早期资本市场共性的问题，如企业缺乏商业信用、投资者风险识别能力低、过度投机、市场泡沫严重等。资本市场以市场化资源配置为主，诚信在市场中尤为重要。中国资本市场特征影响会计信息质量和透明度。

3.4 ———— 中国上市公司投资者保护 ————

投资者是资本市场重要的参与主体。当前，中小投资者是中国资本市场主要参与群体。截止到2012年底，中国拥有股票、债券和期货投资者9 000万人，公募基金投资者6 000多万人，其中，投资金额少于50万元的中小投资者超过99%。在沪深交易所开户的个人投资者中，占股票交易总量60%的是50万元人民币以下的投资者。在中国城镇人口中，中小投资者占14%，资本市场成为公众投资场所。从世界范围来看，投资者保护是各国证券监管工作的重点。由于知识、经验及能力不足，中小投资者成为中国资本市场最弱势的参与主体。这些"散户"投资者自我保护能力和抗风险能力都较低。保护中小投资者的合法权益涉及广大投资者切身利益。

提高会计信息质量和透明度，降低信息不对称是保护中小投资者利益的重要措施。完善的法律体系和强有力的执行机制是改善会计信息质量的关键（曲晓辉和邱月华，2007）。在中国构建以法律保护、监管保护、自律保护、市场保护、自我保护为主要内容的投资者综合保护体系中，法律保护是基础和保障。中国投资者法律保护具有明显的阶段性特征。参照沈艺峰等（2004）的研究，我们将中国投资者保护分为四个阶段，对每个阶段影响会计信息的投资者保护制度进行分析。

1）雏形阶段（1994年以前）

这一阶段的投资者保护以地方和各部委行政法规为标志。国家经济体制改革委员会于1992年2月15日发布并执行《股份有限公司规范意见》，首次对反映投资者基本权利的股东会（包括年会和临时会）召集、决议（包括普通决议和特别决议）、表决权等进行了规范，并规范了上市公司财务报告、审计政策。1993年4月22日，国务院公布《股票发行与交易管理暂行条例》，对上市公司会计政策、信息披露、审计制度等影响投资者权益的重要事项作出了更详细具体的规定，并首次对内幕交易行为及其处罚进行了规定。两部法规构建了中国投资者法律保护框架雏形，赋予投资者寻求法规保护的权利。与此同时，全国人大常委会通过的《会计法》（1994）、证监会制定的《年度报告的内容与格式（试行）》（1994）、《中期报告的内容与格式（试行）》（1994）等法律法规相继出台，详细规定了会计报告的内容与形式，旨在降低内部人与中小投资者之间的信息不对称性，保护中小投资者合法权益。这一阶段中国中小投资者法律保护行政色彩浓厚、可操作性低，对中小投资者保护效力有限（沈艺峰等，2004）。

2）发展阶段（1994—1998 年）

1994 年开始执行的《公司法》标志着中国投资者法律保护进入发展阶段。《公司法》是规范上市公司股票和债券发行与上市的基本大法，包含最完备的投资者保护内容（沈艺峰等，2004）。《公司法》除了以法律形式确定初始阶段投资者保护的行政法规外，还对公司审计、会计、信息披露进行了政策性规定，并第一次以法律的形式规范了公司债券发行相关事项中投资者法律保护内容，首次赋予股东法律起诉的权利[①]。继《公司法》颁布之后，中国发布了一系列中小投资者法律保护规范，侧重从信息披露视角规范中小投资者的法律保护内容。例如，1994 年，证监会发布《公司股份变动报告的内容与格式（试行）》《上市公司办理配股申请和信息披露的具体规定》，证监会于 1995 年和 1996 年分别修订了《年度报告的内容与格式》《中期报告的内容与格式》，以及其后对上市公告书、年度报告、中期报告、招股说明书和配股说明书的内容与格式的规定及修订等法律法规，从各个方面完善上市公司信息披露制度，维护投资者信息知情权。这一阶段投资者法律保护体系侧重于信息披露等外部制度建设，对上市公司内部治理制度规范鲜有提及。

3）完善阶段（1999—2005 年）

1999 年 7 月 1 日生效的《证券法》标志着中国投资者保护进入完善阶段。《证券法》是按国际惯例、由国家最高立法机构组织起草，将《公司

[①] 1994 年 7 月 1 日生效的《公司法》第一百一十一条规定：股东大会、董事会的决议违反法律、行政法规，侵犯股东合法权益的，股东有权向人民法院提起要求停止该违法行为和侵害行为的诉讼。

法》有关证券发行和交易的规定独立成法。1998 年亚洲"金融危机"加大了国内监管部门对金融风险的重视，促成了《证券法》的出台。《证券法》不仅继续强化上市公司信息披露制度，而且开始关注上市公司治理问题。此后，《上市公司股东大会规范意见》（2000）和《上市公司治理准则》（2002）等陆续出台，进一步从公司治理角度加强投资者合法权益的保护。2004 年 6 月 1 日，《中华人民共和国证券投资基金法》实施。这一阶段投资者保护理念被革新，不仅强调外部制度建设，而且重视内部公司治理及内部会计控制。

4）成熟阶段（2006 年至今）

2006 年 1 月 1 日，新修订的《公司法》和《证券法》的实施标志着投资者保护进入成熟阶段。《公司法》和《证券法》是规范资本市场运行，保护投资者利益的两部基本大法。2005 年，这两部基本大法被全面修订，此次修订是中国《公司法》和《证券法》的历史性变革（成涛，2005）。修订后的《公司法》完善了公司法人治理结构[①]，健全了中小投资者保护机制，如增加累积投票制的规定、股东代表诉讼的规定等。修订后的《证券法》对证券发行、上市、交易和登记结算等制度所作的调整和补充规定加强了投资者保护力度。此后，相继出台的《首次公开发行股票并上市管理办法》《刑法修正案（六）》《证券公司监督管理条例（2008）》《关于加强上市证券公司监管的规定（2009）》《关于上市公司建立内幕信息知情人登记管理制度的规定（2011）》《证券公司客户资产管理业务规范（2012）》等法律法规加大打击侵犯中小股东合法权益行为的力度，加强内幕交易及信息知情人管理，提高上市公司信息披露质量。但是，这一阶段的投资者法律保护强调行政责任约束，对内幕交易和违法信息披露以及其他违法行为的处罚主要是责令改正，处以行政性警告和罚款，忽视民事和刑事责任的追究，降低了法律法规的威慑力和对责任人的纪律约束。

综上所述，中国投资者保护法规不断完善，保护措施可操作性增强，国家层面制度建设与公司层面内部治理机制逐渐结合，保护水平不断提高。但是，中国投资者保护仍存在一些问题，如保护措施的行政色彩浓

---

① 包括股东会、董事会和监事会制度，股东会、董事会召集和议事程序，增加了监事会职权和独立董事的规定。

厚、违法行为的民事和刑事处罚威慑力低，公司内部治理重视度不高。虽然中国投资者保护措施不断完善，投资者保护力度加强，但是，投资者保护总体水平较低。

3.5 ———————————— 本章小结 ————————————

本章分析中国上市公司终极控制股东、投资者保护与会计稳健性的制度背景。通过对中国上市公司会计制度、公司治理特征、资本市场发展状况、投资者法律保护等制度背景进行分析，为解释中国上市公司投资者保护、终极控制股东与会计稳健性的关系提供现实背景和理论依据，有利于深入了解投资者保护、终极控制股东对会计稳健性影响背景后面的经济力量。中国的会计稳健性原则不是在中国本土形成的，而是在中国计划经济向市场经济转化的过程中从国外引入，在中国会计与国际会计接轨和趋同的过程中得到加强。中国独特的制度背景以及由此导致的会计与证券监管是中国会计稳健性得以强化的外在制度原因，力求不断提高财务报告质量是中国会计制度层面稳健性不断得以强化的内在原因。公司治理结构影响会计信息质量。中国上市公司治理较弱，股权集中度高，大股东掌控经理层和董事会大多数人事任免权，人才的市场力量低于行政力量，公司代理问题严重。中国资本市场发展不平衡，存在结构性失衡。虽然中国投资者保护措施不断完善，但是，投资者保护水平总体较低。这些制度背景决定了中国上市公司终极控制股东、投资者保护与会计稳健性之间的关系具有自身特征。

第 4 章

终极控制股东与会计稳健性研究

4.1 ————— 金字塔股权结构与会计稳健性 —————

4.1.1 金字塔股权结构与会计稳健性理论分析与研究假设

1）金字塔股权结构对会计稳健性的影响

股权结构与会计信息质量的关系在西方公司财务研究中占有重要位置。现有研究发现，股权集中度与会计稳健性负相关（如 Watts，2003a；Villalonga 和 Amit，2006；修宗峰，2008 等）。但是，这些文献多以直接股权结构为研究对象，对终极控制股权结构的研究较薄弱。如第 3 章所述，现代公司普遍存在终极控制股东，终极控制股东通过复杂的股权安排成为上市公司的实际控制人，拥有绝对控制权。由于复杂股权结构的屏蔽作用，终极控制股东机会主义行为具有很高的隐蔽性，不易被法制纪律和社会监督。直接股权结构难以揭示上市公司终极控制股东行为，因此，追溯终极控制股权结构研究终极控制股东行为是必要的。

在英美等发达国家，金字塔股权结构、交叉持股、二元股份成为终极控制股东股权安排采取的重要措施。其中，金字塔股权结构特别受到终极控制股东青睐（Fan et al.，2005）。La Porta et al.（1999）研究世界27个发达国家上市公司所有权结构时发现，在拥有终极控制股东的上市公司中，通过金字塔股权结构控制的公司占26%。Faccio 和 Lang（2002）研究发现，西欧拥有终极控制股东的公司中，超过19%的公司通过金字塔结构控制。在中国，二元股份不被允许，交叉持股较少，金字塔股权结构是终极控制股东最主要的股权安排形式。中国存在大量的金字塔股权结构公司，且增长迅速（Chen et al.，2010；Fan et al.，2012；叶长兵和郭萍，2010）。因此，金字塔股权安排是研究公司终极控制股东行为的重要视角。

金字塔股权形式是一种复杂的股权制度安排，这一安排有助于控制股东加强公司控制（La Porta et al.，1999；Becht 和 Roell，1999；Claessens et al.，2000；Faccio 和 Lang，2002；Atting et al.，2003；Fan et al.，2012）。由于资本的有限性和稀缺性，控制股东不可能提供公司所需全部资本。如何发挥有限资本最大的控制作用成为解决资本稀缺与控制权之间矛盾的首要问题。金字塔股权结构能够在保证权力不被稀释的情况下通过金字塔层级的杠杆作用放大控制权，以较小的现金流量权控制数倍价值的公司。绝对控制权易产生控制权私利。因此，金字塔股权结构可能增加终极控制股东的掠夺能力。Fan和Wong（2002）研究发现，控制股东为逃避其掠夺行为的法律制裁和社会监督，常选择金字塔股权安排隐匿身份，同时，操纵财务报告过程和信息披露政策掩盖其掠夺行为，甚至制造信息"阻滞"，降低会计信息稳健性。与非金字塔股权结构公司相比，金字塔股权结构公司会计稳健性可能更低。因此，提出以下假设。

H1：在其他条件不变的情况下，与非金字塔股权结构公司相比，金字塔股权结构公司的会计稳健性可能更低。

2）金字塔层级对会计稳健性的影响

金字塔层级是指终极控制股东控股中最长控制链的层级数。我们以2010年中航地产股份有限公司（股票代码：000043）的金字塔股权结构为例分析金字塔层级（如图4-1所示）。

71

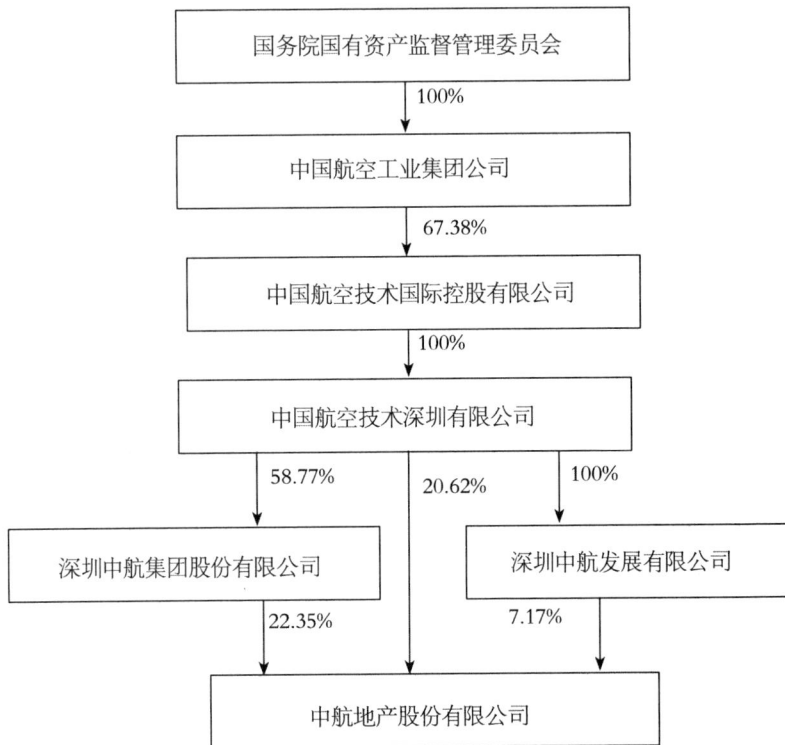

图4-1 中航地产股份有限公司实际控制人结构图

如图4-1所示，终极控制股东，即国务院国有资产监督管理委员会（以下简称："国资委"）分别通过3条控制链对中航地产股份有限公司进行控制。第一条：国务院国有资产监督管理委员会—中国航空工业集团公司—中国航空技术国际控股有限公司—中国航空技术深圳有限公司—深圳中航集团股份有限公司—中航地产股份有限公司。第二条：国务院国有资产监督管理委员会—中国航空工业集团公司—中国航空技术国际控股有限公司—中国航空技术深圳有限公司—中航地产股份有限公司。第三条：国务院国有资产监督管理委员会—中国航空工业集团公司—中国航空技术国际控股有限公司—中国航空技术深圳有限公司—深圳中航发展有限公司—中航地产股份有限公司。其中，控制链最长的是第一条和第三条。以终极控制股东与上市公司之间最长控制链上的公司数为金字塔层级数，即当终极控制股东通过1家中间公司控制样本公司时，金字塔层级为1；当终极控制股东通过2家中间公司控制样本公司时，金字塔层级为2；以此类推。据此方法，图4-1中最长控制链的金字塔层级为4。根据这一方法，我们对中国金字塔股权结构上市公司的统计发现，金字塔层级分布在1~10级之间，不同公司的金字塔层级数差异较大，1~2级公司占总体样本比重超过80%，3~5级公司占全体样本17%左右。

金字塔股权结构能够分离终极控制股东的现金流量权与控制权。参照国际权威学者的研究（如 La Porta et al.，1999；Claessens et al.，2000等），现金流量权是指终极控制股东控制链上的投票权乘积，若终极控制股东与上市公司之间有几条控制链，则现金流量权为每条控制链上投票权乘积之和。以图4-1为例，"国资委"拥有中航地产股份有限公司的现金流量权为27.58%，（即 100%×67.38%×100%×58.77%×22.35%+100%×67.38%×100%×100%×7.17%+100%×67.38%×100%×20.62%）。控制权是指终极控制股东控制链上最低的投票权，若终极控制股东与上市公司之间有几条控制链，则控制权为每条控制链上最低的投票权之和。图4-1中国资委的控制权为50.14%（即22.35%+7.17%+20.62%）。国资委以27.58%的现金流量权获得对中航地产股份有限公司50.14%的控制权。通常情况下，上市公司的金字塔层级越多，其终极控制股东的两权偏离度越大（刘运国和吴小云，2009）。当两权偏离时，终极控制股东因控制权获得私利大于因现金流量权所受损失。刘运国和吴小云（2009）研究发现，金字塔层级增加降低了公司绩效。财务报告是公司治理过程的产品（Sloan，2005），金字塔层级对公司治理的影响可能影响会计信息质量。金字塔层级越大的公司的终极控制股东的两权偏离度相对更大，终极控制股东获取控制权利益的动机和能力可能增加，会计稳健性更低。因此，提出以下假设。

H2：在其他条件不变的情况下，金字塔层级与会计稳健性负相关。

3）终极控制股东性质对金字塔层级与会计稳健性关系的影响

按终极控制股东产权属性将公司分为国有终极控制和非国有终极控制两类（刘运国等，2009）。与西方经济体制不同，国有终极控制公司在中国上市公司中占主导地位。随着经济体制改革的推进，中国的民营企业异军突起，对国民经济和社会的影响也越来越大。国有和非国有终极控制公司股权安排动机受产权性质作用（Fan et al.，2005），影响两类公司的治理结构和治理效率。国有终极控制上市公司由政府行使所有者权利。政府由于受制于中国体制，不能自由转让国有企业资产和权益。金字塔股权结构能使政府在不转让所有权的情况下可靠转移公司决策权给管理层，提高企业市场主体性，适应现代企业制度改革的需要。现有研究发现，金字塔股权结构在提高国有上市公司经营业绩，降低政府干预成本等方面产生积极正面的影响（Lu和Yao，2006；刘运国和吴小云，2009；Chen et al.，2010；Fan et al.，2012）。从金字塔股权结构安排的动因来看，国有上市公司金字塔股权结构安排动机主要是提高公司市场主体性。

然而，民营企业等非国有终极控制公司金字塔股权结构安排的动因不同于国有终极控制公司。在中国制度背景下，国有和非国有上市公司面临不同的外部环境。尤其是在融资方面，融资难是非国有企业面临的共性问题。非国有上市公司面临的外部融资机会少，成本高。融资机会的稀缺和融资成本的高昂使得非国有企业外部筹资受限，非国有上市公司因此转向构建内部资本市场，建立企业集团。金字塔股权安排可以使终极控制股东以较少的资本控制数倍价值的企业，更好地投资组合企业集团，建立内部资本市场，将资本从终极控制股东现金流量权少的企业转向其控制的现金流量权多的企业，不仅解决融资问题（Chen et al.，2010；Bona-Sánchez et al.，2011），而且增加控制权私利。刘运国和吴小云（2009）研究发现，中国自然人对上市公司的金字层级控制越多，两权分离度越大，控股股东对上市公司的"掏空"行为越严重，会计常被用以实现终极控制股东控制权私利。控制股东通过延迟确认损失、提前确认收益，掩盖公司真实业绩，会计信息稳健性更低。因此，提出以下假设。

H3：在其他条件不变的情况下，中国上市公司终极控制股东产权性质可能影响金字塔层级与会计稳健性之间的关系；与国有终极控制上市公司相比，非国有终极控制上市公司金字塔层级对会计稳健性的负面影响可能更大。

4.1.2 金字塔股权结构与会计稳健性实证研究

1）研究变量

被解释变量是会计稳健性，我们选用Ball和Shivakumar（2005）构建的 ACC 基本模型[①]（见模型 2-8）度量会计稳健性。众多研究认为，由于会计通过应计项及时确认坏消息和延迟确认好消息，会计稳健性主要通过应计项而不是现金流发挥作用（如 Basu，1997；Givoly 和 Hayn，2000；Pae，2007）。因此，Ball 和 Shivakumar（2005）以盈余中的应计项对经营净现金流进行回归构建会计稳健性度量模型。

解释变量包括金字塔层级、金字塔股权结构和终极控制股东性质。金字塔层级的确定参照刘运国和吴小云（2009），Fan et al.（2012）等的研究，以终极控制股东控股中最长控制链的层级数作为金字塔层级的代理变量，用 PL 表示。当终极控制股东通过 1 家中间公司控制样本公司时，金字塔层级为 1；当终极控制股东通过 2 家中间公司控制样本公司时，金字塔层级为 2；以此类推。

金字塔股权结构，用 DPL 表示，当样本公司具有金字塔股权结构时，DPL=1，否则，DPL=0。

终极控制股东性质，按终极控制股东性质将上市公司分为国有终极控制公司和非国有终极控制公司两类。国有终极控制公司包括终极控制股东为各级政府、国资委、各部委、机关事业单位的上市公司，非国有终极控制公司指自然人、民营企业、外资企业，以及村委会、工会和居委会等自治组织控制的公司。终极控制股东性质以 State 表示，State=1 表示国有终极控制，State=0 表示非国有终极控制。

控制变量，我们参照 Bushman 和 Piotroski（2006），张兆国等（2011）的研究，控制债务契约对会计稳健性的影响，将长期负债与负债总额相比，以 LEV 表示。为了控制宏观经济因素对会计稳健性的影响，我们添加了行业和年度虚拟变量。

2）数据来源和样本选取

中国证监会颁布的《公开发行证券的公司信息披露内容与格式准则第2号〈年度报告的内容与格式〉（2004 年修订）》指出，上市公司应该在其年报中披露公司与实际控制人之间的产权及控制关系的方框图，并要求详细介绍实际控制人情况。因此，研究选取了 2004—2012 年沪深两市主

75

[①] 本研究将根据 ACC 基本模型进行扩展得到的模型统称为 ACC 模型，同理，将根据 Basu 基本模型进行扩展得到的模型统称为 Basu 模型。

板市场①的 A 股上市公司为样本，遵循以下原则：第一，不考虑金融类上市公司，因金融类公司自身特性而被剔除；第二，剔除了含 B 股或 H 股的上市公司，因为境内外双重监管环境可能使这些公司与其他公司不同；第三，剔除了数据不全的公司。我们参照刘匀佳等（2003）与叶长兵和郭萍（2010）等对中国金字塔股权结构的定义，只要终极控制股东利用中间公司控制样本公司即视为金字塔股权结构。为此，我们整理得到 2004—2012 年深沪主板市场 10 818 个混合横截面数据考察金字塔股权结构对会计稳健性的影响，同时得到 5 388 个混合横截面数据考察金字塔层级对会计稳健性的影响。检验所用的上市公司金字塔层级根据巨潮资讯网提供的公司年报披露的实际控制人关系图以及实际控制人详细介绍整理而得，其他数据信息来自国泰安数据库（CSMAR）。

3）模型设计

为了检验金字塔股权结构对会计稳健性的影响，我们选用 Ball 和 Shivakumar（2005）构建的 ACC 基本模型。ACC 模型与 Basu 模型具有相同的理论基础和相似的结构特征。但是，两个模型对资本市场完善程度要求不同。在国内外会计稳健性的度量研究文献中，ACC 模型是继 Basu 模型之后应用最广的模型（Wang et al.，2008），在近年来的研究中得到更多应用。ACC 模型不受资本市场完善程度的影响，样本可以是上市公司，也可以是非上市公司，模型应用范围比 Basu 模型更广，更适合我国上市公司所处的市场环境。因此，我们在此采用 ACC 模型进行实证检验，并用 Basu 模型进行敏感性分析。我们参照 Bushman 和 Piotroski（2006），毛新述和戴德明（2009）等的研究，对模型（2-8）进行扩展，得到模型（4-1）：

$$ACC_{it} = \beta_0 + \beta_1 DCFO_{it} + \beta_2 CFO_{it} + \beta_3 DCFO_{it} \times CFO_{it} + \beta_4 DPL_{it}$$
$$+ \beta_5 DCFO_{it} \times DPL_{it} + \beta_6 DPL_{it} \times CFO_{it} + \beta_7 DCFO_{it} \times DPL_{it} \times CFO_{it} \quad (4-1)$$
$$+ LEV_{it} \times (\eta_0 + \eta_1 CFO_{it} + \eta_2 DCFO_{it} + \eta_3 CFO_{it} \times DCFO_{it}) + \varepsilon_{it}$$

其中：$\beta_1^{'}$，…，β_7 为回归系数。ACC 模型的优点是在基本模型的基础上，可以将需要研究的影响会计稳健性的因素与 CFO 的交互项代入基

---

① 陈策和吕长江（2011）研究发现上市公司板块差异对会计稳健性产生明显影响，我们研究发现主板、中小板和创业板市场会计稳健性存在较大差异，主板市场相对成熟，会计总体稳健。为了避免板块差异对研究结果的影响，本书选择主板市场作为研究对象。

本模型中以检验该因素对会计稳健性的影响。Ball 和 Shivakumar（2005）将 ACC 定义为：

$$ACC=\left(\triangle 存货+\frac{\triangle 应收}{账款}+\frac{\triangle 其他流动}{资产}-\frac{\triangle 应付}{账款}-\frac{\triangle 其他流动}{负债}-折旧\right)\div\frac{期初资产}{总额}$$

我们根据 Ball 和 Shivakumar（2005）对 ACC 的定义，并结合我国资产负债表中项目的构成，将 ACC 定义为：

$$ACC=\left(\triangle 存货+\frac{\triangle 应收}{账款}+\frac{\triangle 应收}{票据}+\frac{\triangle 预付}{账款}+\frac{\triangle 其他流动}{资产}-\frac{\triangle 应付}{账款}-\frac{\triangle 应付}{票据}-\right.$$
$$\left.\frac{\triangle 预收}{账款}-\frac{\triangle 其他流动}{负债}-折旧\right)\div\frac{期初资产}{总额}$$

Ball 和 Shivakumar（2005）将 CFO 定义为：

$$CFO=\left[\frac{非正常经营}{前损益}-\left(\triangle 存货+\frac{\triangle 应收}{账款}+\frac{\triangle 其他流动}{资产}-\frac{\triangle 应付}{账款}-\right.\right.$$
$$\left.\left.\frac{\triangle 其他流动}{负债}-折旧\right)\right]\div\frac{期初资产}{总额}$$

我们根据 Ball 和 Shivakumar（2005）对 CFO 的定义，并结合我国资产负债表中项目的构成，将 CFO 定义为：

$$CFO=\left[\frac{非正常}{经营前损益}-\left(\triangle 存货+\frac{\triangle 应收}{账款}+\frac{\triangle 应收}{票据}+\frac{\triangle 预付}{账款}+\frac{\triangle 其他}{流动资产}-\right.\right.$$
$$\left.\left.\frac{\triangle 应付}{账款}-\frac{\triangle 应付}{票据}-\frac{\triangle 预收}{账款}-\frac{\triangle 其他流动}{负债}-折旧\right)\right]\div\frac{期初资产}{总额}$$

DCFO 为消息虚拟变量，当 CFO <0 时（即坏消息），DCFO $=1$，否则，DCFO $=0$。

根据 ACC 模型的结构，β_6 表示金字塔股权结构在好消息下对会计稳健性的影响，$(\beta_6+\beta_7)$ 表示金字塔股权结构在坏消息下对会计稳健性的影响。β_7 表示金字塔股权结构在坏消息下对会计稳健性的增量影响，是度量金字塔股权结构公司的会计是否稳健的关键系数，这是由 ACC 模型本身特征所决定。若 $\beta_7>0$，表明金字塔股权结构特征提高了会计稳健性。DPL、DPL×DCFO 和 DPL×CFO 的系数不能解释金字塔结构对会计稳健性的影响。模型中，DPL_{it} 为 i 公司第 t 年的金字塔股权结构哑变量。当样本公司存在金字塔股权结构时，$DPL_{it}=1$，否则，$DPL_{it}=0$。LEV_{it} 为 i 公司第 t 年债务契约控制变量。

同时，我们将金字塔层级 PL_{it} 替换 DPL_{it} 代入模型（4-1），考察金字塔层级对会计稳健性的影响。具体变量见变量定义表4-1。

表4-1 变量定义表

变量名称	变量符号	变量定义
应计项	ACC	（△存货+△应收账款+△应收票据+△预付账款+△其他流动资产−△应付账款−△应付票据−△预收账款−△其他流动负债−折旧）÷期初资产总额
经营现金流	CFO	[非正常经营前损益−（△存货+△应收账款+△应收票据+△预付账款+△其他流动资产−△应付账款−△应付票据−△预收账款−△其他流动负债−折旧）]÷期初资产总额
消息虚拟变量	DCFO	根据模型的设计，我们以利润中正负现金流分别反映好消息和坏消息。当 CFO <0 时（即坏消息），DCFO=1；否则，DCFO=0
金字塔股权结构哑变量	DPL	当样本公司存在金字塔层级时，DPL=1，否则，DPL=0
金字塔层级	PL	金字塔层级，终极控制股东控股中最长控制链的层级数。当终极控制股东通过1家中间公司控制样本公司时，金字塔层级为1；当终极控制股东通过2家中间公司控制样本公司时，金字塔层级为2；以此类推
债务契约	LEV	长期负债÷负债总额
终极控制股东产权性质	State	当终极控制股东产权性质为国有时，State=1；否则，State=0
行业	IND	行业虚拟变量，用来控制行业因素的影响。按证监会的分类标准，剔除金融业后，模型中共有12个行业虚拟变量

4）描述性统计

（1）金字塔层级的描述性统计（见表4-2）。

表4-2　　　　　　　　　　金字塔层级频率分布

金字塔层级（PL）	1	2	3	4	5	6	7	8	9	10	合计
样本公司N（个）	2 508	1 902	648	240	61	11	12	4	0	2	5 388
比重（%）	46.55	35.30	12.03	4.45	1.13	0.20	0.22	0.07	0	0.04	100
累计比重（%）	46.55	81.85	93.88	98.33	99.46	99.67	99.89	99.96	99.96	100.00	100
国有比重（%）	21.68	21.77	6.76	2.69	0.48	0.65	0.09	0.00	—	0.04	54.16
非国有比重（%）	24.87	13.53	5.27	1.76	0.06	0.15	0.13	0.07	—	0	45.84

表4-2的数据显示，样本公司金字塔层级分布在1~10级之间。其中，终极控制股东通过1个中间公司控制上市公司的现象最普遍，占46.55%；其次是通过2个中间公司控制上市公司，占35.30%。国有和非国有上市公司金字塔股权层级存在差异，国有终极控制股东主要通过1至2个中间公司控制上市公司，二者所占比重相当，分别为21.68%和21.77%；非国有终极控制股东以通过1个中间公司控制为主，占比为24.87%，其次是通过2个中间公司控制，占比为13.53%。

表4-3的数据显示，2004—2012年，总体样本公司的金字塔平均层级为1.80，与刘运国和吴小云（2009）的统计结果一致。其中，国有终极控制公司金字塔平均层级为1.87，高于非国有终极控制公司金字塔平均层级（1.73）。2004—2012年金字塔层级均值趋势如图4-2所示。

表4-3　　　　　　　　　　金字塔层级描述性统计

年度	均值	中位数	1/4位数	3/4位数	最小值	最大值	N
2004	1.74	2	1	2	1	5	418
2005	1.73	2	1	2	1	7	498
2006	1.73	2	1	2	1	6	489
2007	1.79	2	1	2	1	7	475
2008	1.86	2	1	2	1	7	517
2009	1.88	2	1	2	1	8	512
2010	1.92	2	1	2	1	8	513
2011	1.77	2	1	2	1	10	955
2012	1.81	2	1	2	1	10	1 011
国有	1.87	2	1	2	1	10	2 886
非国有	1.73	2	1	2	1	8	2 502
2004—2012	1.80	2	1	2	1	10	5 388

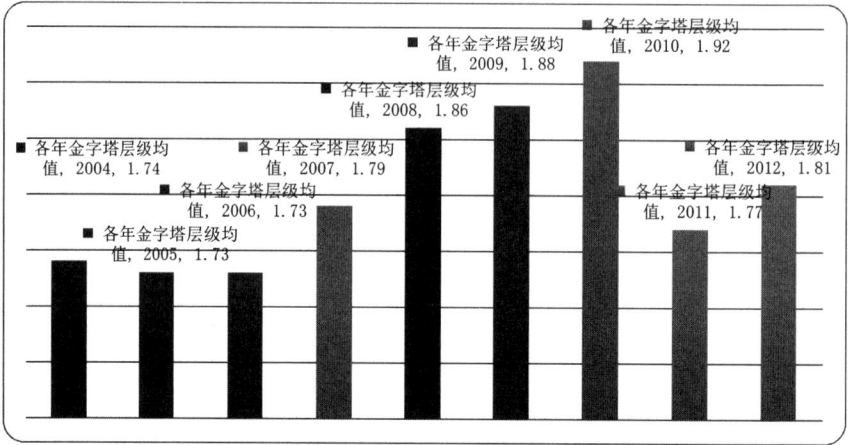

图4-2 2004—2012各年金字塔层级均值图

如图4-1所示，2004—2012年间，中国上市公司金字塔层级波动较大。其中，2004—2010年金字塔层级总体呈上升趋势，2010年后金字塔层级呈下降趋势。

（2）其他变量的描述性统计。

表4-4的数据显示，ACC的均值为-0.021，表明会计盈余中确认的负应计项比正应计项更多，会计表现出稳健的特征。State的均值为0.536，表明国有终极控制公司在样本公司中占主导。LEV的均值为0.171，表明样本公司长期负债占负债总额的17%左右。

表4-4　　　　　　　　　　　　其他变量的描述性统计

变量	均值	中值	1/4位数	3/4位数	极小值	极大值	标准差	N
ACC	-0.021	-0.004	-0.084	0.053	-0.835	0.978	0.152	5 388
CFO	0.031	0.018	-0.051	0.103	-0.913	0.971	0.164	5 388
DCFO	0.431	0.000	0.000	1.000	0.000	1.000	0.495	5 388
State	0.536	1.000	0.000	1.000	0.000	1.000	0.163	5 388
LEV	0.171	0.105	0.021	0.270	0.000	0.917	0.187	5 388

5）回归统计结果分析

（1）金字塔股权结构对会计稳健性的影响。

表 4-5 　　　　　　　　**金字塔股权结构对会计稳健性的影响**

变量	模型（4-1）					
	I		II		III	
	系数	T值	系数	T值	系数	T值
Intercept	0.016***	7.955	0.015***	3.329	−0.017***	3.184
CFO	−0.909***	−101.695	−0.841***	−91.780	−8.828***	−84.326
DCFO	−0.005*	−1.741	−0.012***	−3.837	−0.005***	−1.467
DCFO×CFO	0.357***	20.213	0.302***	17.457	0.401***	21.694
DPL	0.004	1.352	−0.001	−0.191	0.002	−0.060
DPL×DCFO	−0.005	−1.117	−0.002	−0.596	−0.002	−0.522
DPL×CFO	0.013	0.931	0.017	1.226	−0.013	0.918
DPL×DCFO×CFO	−0.156***	−5.955	−0.152***	−6.066	−0.147***	−5.961
LEV					−0.036***	−3.211
LEV×DCFO					−0.078	−4.366
LEV×CFO					−0.156***	−3.563
LEV×DCFO×CFO					−0.105***	−13.380
IND	—		控制		控制	
YEAR	—		控制		控制	
Adj.R²	0.760		0.781		0.787	
F	4 889***		1 487***		1 336***	
N	10 818		10 818		10 818	

注：***、**和*分别表示在1%、5%和10%的水平显著。

表 4-5 运用模型（4-1）考察金字塔股权结构对会计稳健性的影响。F值表明模型整体拟合度较好，调整后的 R^2 值表明变量能够较好地解释会计稳健性。

表 4-5 中，根据 ACC 模型特征，DPL×DCFO×CFO 的系数是反映金字塔股权结构影响会计稳健性的关键系数①。表中第 I 列至第 III 列的统计数据显示，不管是否存在控制变量 LEV，DPL×DCFO×CFO 的系数值都为负，且在 1% 的显著性水平显著。统计结果表明，具有金字塔股权结构的公司会计稳健性显著更低。回归结果与我们提出假设（H1）一致，表

---

① "DPL×DCFO×CFO 的系数是反映金字塔股权结构影响会计稳健性的关键系数"，这是由 ACC 模型特征决定的。具体解释见模型（4-1）的说明。

明金字塔结构安排可能增加了控制股东掩盖真实经济状况的需求，导致具有金字塔股权结构的公司比不具有金字塔股权结构的公司的会计稳健性更低。表4-5从金字塔股权结构视角解释了我国上市公司终极控制股东青睐金字塔股权结构安排的原因之一。

（2）金字塔层级对会计稳健性的影响。

金字塔层级是终极控制股东控制上市公司的中间公司数。具有金字塔股权结构的公司，金字塔层级数可能不同。金字塔层级是影响终极控制股东现金流量权和两权偏离度的重要因素，能够反映终极控制股东行为。金字塔层级与会计稳健性之间的实证检验见表4-6。

表4-6　　　　　　　　　　**金字塔层级对会计稳健性的影响**

变量	模型（4-1）					
	I		II		III	
	系数	T值	系数	T值	系数	T值
Intercept	0.012***	2.453	0.013***	2.421	0.014***	2.464
CFO	−0.829***	−73.799	−0.815***	−50.773	−0.824***	−44.487
DCFO	−0.014***	−5.011	−0.009**	−2.296	−0.001	−0.129
DCFO×CFO	0.148***	8.124	0.207***	8.009	0.364***	11.735
PL			−0.003	−0.709	−0.003	−0.787
PL×CFO			−0.025	−1.221	−0.024	−1.170
PL×DCFO			−0.009*	−1.617	−0.008	−1.471
PL×CFO×DCFO			−0.119***	−3.415	−0.118***	−3.425
LEV					−0.008	−0.763
LEV×DCFO					−0.046***	−3.191
LEV×CFO					0.046	0.853
LEV×DCFO×CFO					−0.831***	−8.815
IND	—		控制		控制	
YEAR	—		控制		控制	
Adj.R²	0.768		0.769		0.773	
F	809.314***		689.744***		613.305***	
N	5 388		5 388		5 388	

注：***、**和*分别表示在1%、5%和10%的水平显著。

表4-6根据模型（4-1）考察金字塔层级对会计稳健性的影响。F值表明模型整体拟合度较好，调整后的R²值表明变量能够较好地解释会计稳健性。

表中第I列数据检验样本公司的会计总体稳健性状况。根据模型特征，DCFO×CFO的系数值（0.148）为正，在1%的显著性水平上显著，表明具有金字塔股权结构的样本公司会计总体稳健。

82

表中第 II 列和第 III 列是在不同控制变量下的统计结果，PL×CFO×
DCFO 的值分别为 -0.119 和 -0.118，都在 1% 的显著性水平上显著，表明
上市公司金字塔层级与会计稳健性负相关，回归结果与我们提出假设
（H2）一致。金字塔层级越多的上市公司，其终极控制股东越隐蔽，越可
能抑制真实会计信息的披露。正如 Bianchi et al.（2001）所言，金字塔结
构是一种便于实际控制人向市场和政府监管当局隐藏真实身份的一种良好
手段。如果法律对终极控制股东机会主义行为缺乏有效的抑制，终极控制
股东可能偏好采取通过金字塔股权结构分离控制权与现金流量权以实现控
制目的。财务杠杆对会计稳健性的影响主要通过 LEV×DCFO×CFO 的系
数反映，其值显著为负，表明长期负债降低了会计稳健性。

（3）终极控制股东性质对金字塔层级与会计稳健性关系的影响。

我们将样本公司分为国有终极控制和非国有终极控制两组，考察产权
性质对金字塔层级对会计稳健性关系的影响。统计结果见表 4-7。

表 4-7　终极控制股东性质对金字塔层级与会计稳健性关系的影响

模型（4-1）								
变量	国有组				非国有组			
	I		II		I		II	
	系数	T 值	系数	T 值	系数	T 值	系数	T 值
Intercept	0.012*	1.693	0.015*	1.918	0.016**	2.070	0.019**	2.185
CFO	-0.826***	-63.044	-0.805***	-36.057	-0.830***	-40.659	-0.848***	-27.270
DCFO	-0.020***	-5.893	-0.013**	-2.014	-0.009*	-1.869	0.008	1.059
DCFO×CFO	0.051**	2.088	0.172***	3.901	0.202***	6.963	0.476***	10.272
PL			0.000	0.085			-0.009	-1.407
PL×CFO			-0.056***	-2.436			0.038	0.991
PL×DCFO			-0.005	-0.791			-0.008	-0.820
PL×CFO× DCFO			-0.034	-0.737			-0.199***	-3.587
LEV			-0.017	-1.487			0.003	0.149
LEV×DCFO			-0.019	-1.140			-0.068***	-2.685
LEV×CFO			0.074	1.270			0.001	0.006
LEV×DCFO× CFO			-0.548***	-4.262			-0.951***	-6.306
IND	—		控制		—		控制	
YEAR	—		控制		—		控制	
Adj. R^2	0.819		0.821		0.712		0.722	
F	594.686***		444.441***		281.449***		217.860***	
N	2 885		2 885		2 501		2 501	

注：***、**、*分别表示在 1%、5%、10% 的水平显著。

表 4-7 根据模型（4-1）检验国有终极控制公司和非国有终极控制公

司金字塔层级与会计稳健性的关系。F值表明模型整体拟合度较好，调整后的 R^2 值表明变量能够较好地解释会计稳健性。

表中国有组和非国有组的第 I 列分别检验两组样本公司会计总体稳健性状况，其中，DCFO×CFO的系数值都为正，都通过了显著性检验，表明国有终极控制样本公司和非国有终极控制样本公司会计总体稳健。

表中国有组和非国有组的第 II 列分别反映国有终极控制样本公司和非国有终极控制样本公司金字塔层级与会计稳健性的关系，其中，根据模型特征，PL×CFO×DCFO的系数是反映这一关系的关键值，国有组和非国有组的该系数值都为负，但是只有非国有组通过了显著性检验，表明金字塔层级显著降低了会计稳健性。没有充分的证据表明国有终极控制公司金字塔层级显著降低了会计稳健性。检验结果与假设（H3）一致。研究表明，终极控制股东产权性质影响金字塔层级与会计稳健性的关系，包括民营控制股东在内的非国有终极控制股东为解决融资问题通过金字塔股权结构建立内部资本市场的动因可能降低了会计信息质量和透明度（刘运国和吴小云，2009）。

（4）敏感性分析。

我们采用Basu模型就金字塔股权结构及金字塔层级与会计稳健性的关系进行敏感性分析。在Basu基本模型（见模型2-1）的基础上，参照现有研究文献（如 Bushman 和 Piotroski，2006；毛新述和戴德明，2009等），本书对模型（2-1）作如下扩展，构建模型（4-2）：

$$EPS_{it}/P_{it} = \alpha_0 + \alpha_1 D_{it} + \alpha_2 DPL_{it} + \alpha_3 D_{it} \times RET_{it} + \alpha_4 DPL_{it} +$$
$$\alpha_5 D_{it} \times DPL_{it} + \alpha_6 DPL_{it} \times RET_{it} + \alpha_7 D_{it} \times DPL_{it} \times RET_{it} + \quad (4-2)$$
$$LEV_{it} \times (\gamma_0 + \gamma_1 RET_{it} + \gamma_2 D_{it} + \gamma_3 RET_{it} \times D_{it}) + \varepsilon_{it}$$

其中：α_1，…，α_7 为回归系数；α_7 是度量金字塔结构与会计稳健性的关键系数，若 $\alpha_7 > 0$，表明金字塔结构提高了会计稳健性。DPL_{it} 为 i 公司第 t 年的金字塔结构哑变量。当样本公司存在金字塔股权结构时，$DPL_{it} = 1$，否则，$DPL_{it} = 0$。LEV_{it} 为 i 公司第 t 年债务杠杆控制变量。

同时，我们将金字塔层级 PL_{it} 替换 DPL_{it} 代入模型（4-2），考察金字塔层级对会计稳健性的影响。

为了检验终极控制股东产权性质对金字塔层级与会计稳健性关系的影

响，构建模型（4-3）：

$$EPS_{it}/P_{it} = \alpha_0 + \alpha_1 D_{it} + \alpha_2 RET_{it} + \alpha_3 D_{it} \times RET_{it} + PL_{it} \times (\alpha_4 + \alpha_5 D_{it} + \alpha_6 RET_{it} +$$
$$\alpha_7 D_{it} \times RET_{it}) + PL_{it} \times State_{it} \times (\alpha_8 + \alpha_9 D_{it} + \alpha_{10} RET_{it} + \alpha_{11} D_{it} \times RET_{it}) + \quad (4-3)$$
$$LEV_{it} \times (\gamma_0 + \gamma_1 D_{it} + \gamma_2 RET_{it} + \gamma_3 RET_{it} \times D_{it}) + \varepsilon_{it}$$

其中：$State_{it}$ 为 i 公司第 t 年终极控制股东性质，当终极控制股东产权性质为国有时，$State_{it} = 1$；否则，$State_{it} = 0$。其他变量同模型（4-1）和模型（4-2）。α_i（i=1，2，…，11）和 γ_j（j=0，1，2，3）为回归系数。根据 Basu 模型特征，α_{11} 是度量终极控制股东产权性质影响金字塔层级与会计稳健性关系的关键系数，若 $\alpha_{11} > 0$，表明国有终极控制公司的金字塔层级提高了会计稳健性。α_0 和 ε_{it} 分别表示截距和随机误差项。统计结果见表4-8。

表4-8　　　　　　　　回归结果（Basu模型）

变量	模型（4-1）第Ⅰ列 系数	T值	模型（4-2）第Ⅱ列 系数	T值	第Ⅲ列 系数	T值	模型（4-3）第Ⅳ列 系数	T值
Intercept	0.023***	12.131	-0.188***	-5.796	0.025	4.021	0.024***	4.585
RET	-0.004***	-3.447	-0.190***	-8.731	0.079	1.958	0.075***	2.663
D	0.006*	1.852	0.162***	3.095	-0.043	-0.941	-0.037	-1.330
D×RET	0.125***	13.496	1.468***	9.932	0.179	3.981	0.192***	6.818
DPL			-0.001	-0.300				
DPL×RET			-0.009	-1.441				
DPL×D			0.005**	2.044				
DPL×RET×D			-0.090***	-4.971				
PL					0.014	0.584	-0.005	-0.151
PL×RET					-0.014	-0.392	0.046*	1.762
PL×D					0.004	0.073	0.048	1.052
PL×RET×D					0.033	0.740	0.070*	1.783
State							0.013	0.845
State×PL							0.049	1.357
State×PL×D							-0.082*	-1.810
State×PL×RET							-0.070***	-2.789
State×PL×D×RET							-0.047	-1.243
LEV			-0.080***	-4.345	0.017	0.661	0.016	0.652
LEV×D			0.048	1.519	-0.009	-0.257	-0.007	-0.194
LEV×RET			0.029***	2.564	-0.021	-1.083	-0.022	-1.139
LEV×D×RET			0.001	0.006	0.016	0.597	0.020	0.713
IND	控制		控制		控制		控制	
YEAR	控制		控制		控制		控制	
Adj.R²	0.021		0.095		0.069		0.070	
F	91.042***		38.997***		14.421***		14.070***	
N	12 369		12 369		5 421		5 421	

注：***、**和*分别表示在1%、5%和10%的水平显著。

表4-8中第I列数据根据Basu模型检验样本公司总体会计稳健性状况。其中，D×RET和RET的系数值分别为0.125和-0.004，都在1%的显著性水平上显著，表明会计总体稳健，与ACC模型下的检验结果一致。

表中第II列数据根据模型（4-2）检验金字塔结构对会计稳健性的影响。其中，DPL×RET×D是检验这一影响的关键系数，其系数值为-0.090，在1%的显著性水平上显著，表明与不具有金字塔股权结构的公司相比，拥有金字塔股权结构的公司会计稳健性显著更低，这一检验结果与我们提出假设（H1）和ACC模型下检验结果一致，表明终极控制股东通过金字塔股权安排降低了上市公司会计稳健性。

表中第III列数据根据模型（4-2）考察金字塔层级对会计稳健性的影响。其中，PL×RET×D是检验这一影响的关键系数，其系数值为0.033，没有通过显著性检验。即没有充分的证据表明金字塔层级促进了会计稳健性的提高，与ACC模型下的统计结果基本一致。

表中第IV列数据根据模型（4-3）检验终极控制股东产权性质对金字塔层级与会计稳健性关系的影响。其中，State×PL×D×RET的系数是反映这一影响的关键系数，其系数值为负，但是，未通过显著性检验。表明与非国有终极控制股东相比，没有充分的证据表明国有终极控制股东金字塔层级降低了会计稳健性。这一结果与ACC模型下的统计结果基本吻合。两个模型检验结果不完全一致，这可能是模型本身特征决定。ACC模型更多根据已发生事项度量会计稳健性，Basu模型更多根据未来事项确定会计稳健性。

我们通过两个不同的会计稳健性度量模型对中国上市公司金字塔股权结构、金字塔层级与会计稳健性关系进行研究发现，金字塔股权结构降低了财务报告稳健性；金字塔层级越多的公司会计稳健性越低；非国有终极控制公司金字塔层级的增加更多地反映了终极控制股东的"隧道"行为，会计稳健性更低。

4.2 ———— 终极控制股东股权特征与会计稳健性 ————

4.2.1 终极控制股东股权特征与会计稳健性理论分析与研究假设

终极控制股东拥有现金流量权和控制权。现金流量权指终极控制股东投入资本形成的所有权，是控制股东分配股利的依据。现金流量权将控制股东利益与公司利益捆绑在一起。控制权指终极控制股东通过所持较大比例股份，依法获得对上市公司运营管理和金融决策等权利。在公司股东会和董事会中，公司控制权主要表现为投票权。拥有上市公司股权最多的股东在法律或形式上拥有上市公司控制权（曹宇等，2005）。在金字塔股权结构下，终极控制股东所持现金流量权与控制权往往不相等，控制权大于现金流量权。学术界将这种现象称为两权[①]偏离，将两权偏离的大小称为两权偏离度。在此，我们从会计稳健性视角分析终极控制股东股权特征（即现金流量权和两权偏离度）对会计稳健性的影响。

1）现金流量权与会计稳健性

现金流量权使得终极控制股东利益与公司价值具有一致性。当公司价值增加时，控制股东获得与其持股比例对应的收益。因此，现金流量权带来协同效应，激励控制股东采取有效的公司治理措施提高公司治理效率，对包括会计稳健性在内的高质量的会计信息需求增加。但是，由于终极控制股东控制权往往大于现金流量权，掠夺收益大于所受损失。现金流量权的增加可能加大控制股东控制权，其他股东难以制衡控制股东。因此，终极控制股东转移公司资源和剥夺中小股东利益的动机加强。当终极控制股东掠夺公司资源和中小股东利益时，粉饰会计业绩掩盖公司较差的经济价值成为需要。为了满足这一需要，控制股东可能及时确认收益，延迟确认损失。另外，终极控制股东对上市公司拥有的实际控制权使其与管理者的利益一致性加强，委托代理矛盾被缓解，从而降低了控制股东出于对管

[①] 两权特指终极控制股东持有上市公司的现金流量权和控制权。

层监管所需的会计稳健性要求（Watts，2003a，2003b）。

综上所述，终极控制股东现金流量权对会计稳健性的影响受现金流量权协同效应与壕沟效应的共同作用。既有经验研究发现，在所有的法律制度下，集中股权与会计稳健性表现出显著的负相关关系（LaFond，2005）。Bona-Sánchez et al.（2011）以西班牙1996—2006年的上市公司为样本研究发现，现金流量权越大，会计稳健性越低。在经济欠发达地区，产权界定不清和法律保护较弱的国家股权更加集中；集中的股权为控制股东带来更大的好处（Shleifer 和 Vishny，1997）。罗琦和王寅（2010）研究发现，中国上市公司终极控制股东较高的现金流量权对应着较高的控制权，成为控股股东侵占中小股东利益的基础。杨克智和谢志华（2010）以2003—2009年沪深A股上市公司为样本研究发现，在中国金字塔股权结构中，终极控制股东持股比率与会计稳健性负相关。根据现有研究经验，提出如下假设。

H4：在其他条件不变的情况下，终极控制股东现金流量权的增加可能降低公司会计稳健性水平。

2）两权偏离与会计稳健性

两权偏离是指终极控制股东的控制权大于所有权。两权偏离时，终极控制股东以较少的现金流量权就能获得对上市公司的有效控制，控制股东利用控制权所得私利大于因现金流量权所受损失。金字塔股权结构、交叉持股、二元股份是终极控制股东实现两权偏离的常用股权安排措施。受制度约束，金字塔股权安排成为中国上市公司终极控制股东分离现金流量权与控制权的主要手段（甄红线和史永东，2008）。在控制权不变的情况下，金字塔层级越多，现金流量权越小，两权偏离度越大。两权偏离度越大，控制股东获得的控制权私利越多。实践中，终极控制股东"掏空"公司现象屡见不鲜。国内宏盛终极控制股东赤裸裸地掠夺小股东利益，浙江海纳实际控制人的"隧道行为"，南新百30亿元溢价重组遭遇实际控制人掠夺等事件都反映出控制股东掠夺的严重性。当前，中国投资者保护不完善，控制股东转移公司利润和资源的风险较低。同时，两权偏离的隐秘性能减少控制股东财富转移行为被察觉的可能性，使关联交易、资金转移等有损上市公司价值的行为更容易实现（刘运国和吴小云，2009）。

既有文献对两权偏离的影响进行了广泛研究。例如，苏启林等（2003）对 2002 年 128 家家族类上市公司的研究发现，中国家族类上市公司终极控制股东的控制权与所有权普遍分离，二者分离度越高，企业价值越低。张华等（2004）考察中国民营上市企业所有权、控制权以及二者分离对企业价值的影响，得到与苏启林等（2003）相同的结论。肖作平等（2011）以中国 2005—2009 年连续可获得相关信息的 579 家非金融上市公司组成的平衡面板数据为样本研究发现，与两权未偏离公司相比，两权偏离公司具有相对高的审计定价。两权偏离越大，终极控制股东对小股东的掠夺程度越高，审计风险越大，所以审计定价也更高。刘运国和吴小云（2009）对中国 2004—2007 年上市公司的考查，发现两权分离的上市公司被控股股东占用的资金高于两权没有分离的公司。在会计信息披露意愿和披露质量方面，马忠和吴翔宇（2007）对中国家族控股上市公司的考察发现，终极控制人的控制权和现金流量权分离度越大，上市公司自愿披露程度越低。Bona-Sánchez et al.（2011）研究西班牙上市公司终极控制股东与会计稳健性时发现，两权分离度越大，会计稳健性越低。

89

综上所述，两权偏离增加了控股股东掠夺动机和掠夺收益。终极控制股东存在掩盖其掠夺行为的需要。但是，稳健的会计信息延迟确认收益，及时确认损失，不能掩盖公司较差经济业绩的实质。所以，降低会计稳健性可能成为终极控制股东掩盖公司实际业绩的会计政策选择。因此，提出以下假设。

H5：在其他条件不变的情况下，终极控制股东两权偏离度越大的公司会计稳健性越低。

Fan 和 Wong（2000）认为，会计准则应用动机影响会计信息质量。不同产权性质的终极控制股东应用会计准则动机可能存在差异。中国上市公司按终极控制股东产权性质分为国有和非国有两类。受产权性质的影响，国有和非国有终极控制股东现金流量权和两权偏离度对会计稳健性的作用可能存在差异。虽然国有终极控制股权安排的动因并非缔造资本帝国，但是，国有控股上市公司面临着内部人控制、债务软约束和政府干预等突出的治理问题。这些治理问题严重削弱了股东、国有银行、政府监管对会计信息的有效需求，从而降低了国有终极控制公司的会计稳健性（朱朱茶芬和李志文，2008）。同时，价值最大化并非国有公司唯一目标，这些公司往往承担着税收、就业等较重的社会责任。为了实现社会责任目标，国有企业管理的政府手段替代市场资源配置，降低了国有终极控制公司对会计稳健性的市场需求。

从股东-经理层契约看，国有公司的重要特征是内部人控制问题。由于全民股东的高度分散性，国有公司中实际上是由政府官员执行对经理层的监督。传统国资管理体制下，"五龙治水"，国家出资人严重缺位；新体制尽管确立了国资委集中管理国有公司，但仍无法解决官员监督时存在的"廉价投票权"问题。与非国有终极上市公司相比较，国有终极上市公司官员任职受企业经营业绩的影响较小（刘芍佳等，2003）。由于缺乏现金流量权的激励，政府官员的监督动力严重不足，他们不可能像私有股东那样努力监督经理层，甚至在很多情况下，官员受到经理层寻租的诱惑，对经理层的自利性行为采取"睁只眼、闭只眼"的放纵态度。除了监督动力不足以外，官员监督经理层还可能面临监督信息匮乏、监督指标政治化等问题，这些都会造成监控弱化问题，使得内部人在实质上拥有了对公司的重要控制权。稳健性会计信息是股东监督经理层、保护自身利益的重要工具。对于股东来说，稳健性可避免经理层借助高估盈余以过度支取薪酬的可能性，同时坏消息的及时反映有利于股东及早发现代价昂贵的过度投资，及时更换掉不合格的经理层，从而提高了股东的监督效率。但在内部人控制这种股东-经理层契约关系失衡的情况下，委托方（官员）未能成为稳健性会计信息的有效需求主体；由此，内部人有更大的空间操控会计报告过程，不稳健的会计信息沦为内部人隐藏真实业绩、强化控制权地位、隐秘攫取私有收益的重要手段。为了获取过度薪酬，内部人可能提前确认收益、推迟反映损失等等（朱茶芬和李志文，2008）。加之我国上市公司各种激励机制不完善，如经理人员股票期权和股权激励在中国普遍没有得到应用。因此，在薪酬激励方面，非国有终极控制和国有终极控制对会计稳健性的影响可能不同。因此，提出以下假设。

H6：在其他条件不变的情况下，国有终极控制股东与非国有终极控制股东的现金流量权、两权偏离与会计稳健性的关系存在显著差异。

4.2.2　终极控制股东股权特征与会计稳健性实证研究

1）研究变量

被解释变量为会计稳健性，我们选用ACC模型度量会计稳健性。

解释变量包括现金流量权、两权偏离度和终极控制股东性质。现金流量权，参照国际上权威学者的研究（La Porta et al.，1999；Claessens et al.，2000等），以终极控制股东控制链上投票权乘积作为现金流量权的代理变量。若终极控制股东与上市公司之间有几条控制链，则现金流量权为每条控制链上投票权乘积之和。现金流量权以CFR表示。两权偏离度，以终极控制股东控制权与现金流量权之差度量两权偏离度。其中，终极控制股东控制权以终极控制股东控制链上最低的投票权度量。若终极控制股东与上市公司之间有几条控制链，则控制权以每条控制链上最低的投票权之和表示。两权偏离度用TRS表示。现金流量权和控制权的具体计算方法参见4.1.1。终极控制股东性质及控制变量的确定与4.1.1相同。主要变量定义见表4–9，其他变量见变量定义表4–1。

表4–9　　　　　　　　　　　　　**主要变量定义表**

变量名称	变量符号	变量定义
现金流量权	CFR	终极控制股东与上市公司股权关系链中最低持股比例乘积之和
控制权	CR	终极控制股东与上市公司股权关系链中最低持股比例之和
两权偏离度	TRS	控制权–现金流量权

2）数据来源和样本选取

数据来源和样本选取与4.1.1中考察金字塔层级与会计稳健性关系的数据相同，共得到5 388个混合横截面数据检验终极控制股东股权特征对会计稳健性的影响。

3）模型设计

我们选用ACC模型进行会计稳健性度量，对ACC基本模型（见模型2–8）进行扩展，构建模型（4–4），检验终极控制股东现金流量权（CFR）对会计稳健性的影响，见模型（4–4）：

$$ACC_{it} = \beta_0 + \beta_1 DCFO_{it} + \beta_2 CFO_{it} + \beta_3 DCFO_{it} \times CFO_{it} + \beta_4 CFR_{it} + \beta_5 CFO_{it} \times CFR_{it}$$
$$+ \beta_6 CFR_{it} \times DCFO_{it} + \beta_7 DCFO \times CFR_{it} \times CFO + LEV_{it} \times (\eta_0 + \eta_1 CFO_{it} + \eta_2 DCFO_{it}$$
$$+ \eta_3 CFO_{it} \times DCFO_{it}) + IND + YEAR + \varepsilon_{it}$$

$$(4-4)$$

其中：β_i（i=1，2，…，7），η_j（j=0，1，2，3）为回归系数。β_7 是度量终极控制股东股权特征与会计稳健性之间关系的关键系数。若 $\beta_7 > 0$，表明终极控制股东现金流量权提高了会计稳健性。β_0 和 ε_{it} 分别表示截距和误差项。其他变量同模型（2-8）。同时，我们将变量 TRS 代替 CFR 代入模型（4-4），检验两权偏离度与会计稳健性之间的关系。

我们运用 ACC 模型，在模型（4-4）的基础上构建模型（4-5），考察终极控制股东产权性质对终极控制股东现金流量权与会计稳健性之间关系的影响。

$$ACC_{it} = \beta_0 + \beta_1 DCFO_{it} + \beta_2 CFO_{it} + \beta_3 DCFO_{it} \times CFO_{it} + CFR_{it} \times (\beta_4 + \beta_5 CFO_{it} + \beta_6 DCFO_{it} +$$
$$\beta_7 DCFO_{it} \times CFO_{it}) + CFR_{it} \times State_{it} \times (\beta_8 + \beta_9 CFO_{it} + \beta_{10} DCFO_{it} + \beta_{11} D_{it} \times CFO_{it}) +$$
$$LEV_{it} \times (\eta_0 + \eta_1 CFO_{it} + \eta_2 DCFO_{it} + \eta_3 CFO_{it} \times DCFO_{it}) + IND + YEAR + \varepsilon_{it}$$

$$(4-5)$$

其中：β_i（i=1，2，…，11），η_j（j=0，1，2，3）为回归系数，根据模型结构特征，β_{11} 是度量产权性质对终极控制股东现金流量权与会计稳健性之间关系的关键系数，若 β_{11} 通过显著性检验，表明国有和非国有终极控制股东股权特征与会计稳健性之间的关系存在显著差异。β_0 和 ε_{it} 分别表示截距和误差项。State 为终极控制股东产权性质，其他变量同模型（4-4）。同时，我们将变量 TRS 代替 CFR 代入模型（4-5），检验产权性质对终极控制股东控制权与会计稳健性之间关系的影响。

4）统计结果

（1）描述性统计结果（见表4-10）。

表4-10　　　　　　　　　**主要变量的描述性统计**

变量	均值	中值	1/4位数	3/4位数	极小值	极大值	标准差	N
TRS	10.569	23.808	14.209	36.946	0.000	89.401	0.499	5 388
CFR	26.760	10.019	2.013	17.484	0.000	44.477	0.879	5 388
State	0.536	1.000	0.000	1.000	0.000	1.000	0.163	5 388
LEV	0.171	0.105	0.021	0.270	0.000	0.917	0.187	5 388

表4-10的数据显示，样本公司终极控制股东两权偏离度（TRS）和现金流量权（CFR）的均值分别为10.569和26.760，现金流量权小于控制权10个百分点，两权偏离度较大。State的均值为0.536，即超过一半的样本公司终极控制股东为国有。甄红线和史永东（2008）以20%的投票权（控制权）作为判别终极所有者的阈值进行统计，发现在中国有89.02%的上市公司由终极所有者最终控制。其中，国家是最重要的终极所有者，最终控制的公司占59.73%。本书与甄红线和史永东（2008）的研究结论基本一致，表明国家是中国上市公司主要的终极控制股东。

（2）回归统计结果。

运用ACC模型检验终极控制股东股权特征（包括现金流量权和两权偏离度）与会计稳健性关系的统计结果见表4-11。

表4-11　终极控制股东股权特征与会计稳健性的关系（ACC模型）

变量	模型（4-4）							
	I				II			
	系数	T值	系数	T值	系数	T值	系数	T值
Intercept	0.005	0.908	0.006	0.960	0.00	1.494	0.009	1.575
CFO	−0.833***	−41.923	−0.839***	−40.055	−0.812***	−40.316	−0.821***	−36.603
DCFO	0.001	0.236	0.006	1.014	−0.009**	−1.945	0.001	0.127
DCFO×CFO	0.491***	14.338	0.571***	15.792	0.201***	6.875	0.344***	10.232
CFR	0.030***	2.444	0.030***	2.505				
CFR×CFO	−0.001	−0.074	−0.003	−0.171				
CFR×DCFO	−0.061***	−3.295	−0.049***	−2.660				
CFR×CFO×DCFO	−0.225***	−11.763	−0.199***	−10.277				
TRS					0.002***	2.677	0.001***	2.568
TRS×CFO					−0.001	−1.097	−0.001	−1.048
TRS×DCFO					−0.002*	−1.736	−0.001*	−1.660
TRS×CFO×DCFO					−0.007***	−2.992	−0.005***	−2.592
LEV			−0.007	−0.662			−0.007	−0.722
LEV×DCFO			−0.035***	−2.482			−0.046***	−3.214
LEV×CFO			0.046	0.872			0.047	0.870
LEV×DCFO×CFO			−0.634***	−6.746			−0.805***	−8.521
IND	控制		控制		控制		控制	
YEAR	控制		控制		控制		控制	
Adj. R^2	0.779		0.782		0.749		0.769	
F	732.682***		643.760***		229.590***		691.915***	
N	5 388		5 388		5 388		5 388	

注：***、**和*分别表示在1%、5%和10%的水平显著。

表4-11是运用ACC模型对终极控制股东股权特征（即现金流量权和两权偏离度）与会计稳健性关系的考察结果。其中，F值反映出回归总体结果显著，调整后的R^2表明回归模型有较强的说服力。

表4-11中第I列根据模型（4-4）考察终极控制股东现金流量权对会计稳健性的影响。其中，CFR×CFO×DCFO的系数值反映现金流量权在坏消息情况下对会计稳健性的增量反映，是度量现金流量权对会计稳健性影响的关键系数。从统计数据可见，未控制和控制LEV的影响时，CFR×CFO×DCFO的系数值分别为-0.225和-0.199，且在1%的显著性水平上显著，表明现金流量权的增加降低了会计稳健性，与我们提出的假设（H4）吻合。

表4-11中第II列数据是根据模型（4-4）考察终极控制股东两权偏离度对会计稳健性影响的统计结果。其中，TRS×CFO×DCFO的系数值是度量这一影响的关键系数，在未控制和控制LEV两种情况下，其系数值分别为-0.007和-0.005，都为负，且在1%的显著性水平上显著，表明两权偏离度降低了会计稳健性，假设H5得到验证。表4-11的研究与Bona-Sánchez et al.（2011）的研究结论一致。

与其他国家上市公司相比，我国上市公司国有终极控制股东所占比重较大，国有终极控制股东与非国有终极控制股东控制动因可能存在差异。这一差异可能影响终极控制股东与会计稳健性之间的关系。

表4-12反映了ACC模型下终极控制股东产权性质对其股权结构与会计稳健性关系的影响。表4-12中，F值反映出回归总体结果显著，调整后的R^2表明变量对会计稳健性有较强的说服力。

表4-12第I列数据检验终极控制股东产权性质对现金流量权（CFR）与会计稳健性关系的影响。根据模型特征，State×CFR×CFO×DCFO的系数值（-0.041）为负，且在1%的显著性水平上显著，表明国有和非国有终极控制股东的现金流量权与会计稳健性之间存在显著差异，国有终极控制股东现金流量权降低了会计稳健性。

表4-12第II列数据检验终极控制股东产权性质对两权偏离度（TRS）与会计稳健性关系的影响。其中，TRS×State×DCFO×CFO的系数值为-0.025，在5%的显著性水平上显著，表明与非国有终极控制股东

相比，国有终极控制股东两权偏离度越高的公司会计稳健性显著更低。检验结果与我们提出的假设（H6）相吻合。同时，TRS×State×CFO 的系数为-0.029，在 10%的显著性水平上显著，表明与非国有终极控制相比，国有终极控制股东两权偏离度高的公司延迟确认了收益。ACC 模型下的统计结果都表明，国有和非国有终极控制股东两权偏离度与会计稳健性的关系存在显著差异，与非国有终极控制股东相比，国有终极控制股东两权偏离度主要通过延迟确认坏消息降低了会计稳健性，对好消息的确认表现出稳健的特征。这一研究与朱茶芬和李志文（2008）等的研究结论一致，表明国有控股上市公司可能面临内部人控制的治理问题，降低会计稳健性可以实现掩盖公司较差的经济业绩的目的。

表 4-12　**产权性质对终极控制股东股权特征与会计稳健性关系的影响（ACC 模型）**

变量	模型（4-5）			
	I		II	
	系数	T 值	系数	T 值
Intercept	0.003	0.570	0.009	1.565
CFO	-0.898***	-37.743	-0.885***	-36.632
DCFO	0.013	0.705	0.001	0.031
DCFO×CFO	0.310***	15.013	0.190***	10.049
CFR	0.066***	3.416		
CFR×CFO	-0.029	-0.780		
CFR×DCFO	-0.020	-0.710		
CFR×CFO×DCFO	-0.152***	-5.618		
State×CFR	-0.050***	-2.606		
State×CFR×CFO	-0.031	-1.494		
State×CFR×DCFO	0.022	0.858		
State×CFR×CFO×DCFO	-0.041***	-2.521		
TRS			0.024	1.590
TRS×CFO			0.004	0.147
TRS×DCFO			-0.005	-0.258
TRS×CFO×DCFO			-0.021	-1.130
TRS×State			0.011	0.759
TRS×State×DCFO			-0.023*	-1.640
TRS×State×CFO			-0.029*	-1.715
TRS×State×DCFO×CFO			-0.025**	-1.920
LEV	-0.006	-0.592	-0.008	-0.795
LEV×DCFO	-0.036***	-2.548	-0.048***	-3.319
LEV×CFO	0.044	0.841	0.055	1.023
LEV×DCFO×CFO	-0.648***	-6.896	-0.851***	-8.948
IND	控制		控制	
YEAR	控制		控制	
Adj.R^2	0.783		0.774	
F	571.716***		543.257***	
N	5 388		5 388	

注：***、**和*分别表示在 1%、5%和 10%的水平显著。

5）敏感性分析

我们选用Basu模型进行敏感性分析。对Basu基本模型（见模型2–1）进行扩展，构建模型（4–6），检验终极控制股东现金流量权对会计稳健性的影响：

$$EPS_{it}/P_{it} = \alpha_0 + \alpha_1 D_{it} + \alpha_2 RET_{it} + \alpha_3 D_{it} \times RET_{it} + \alpha_4 CFR_{it} + \alpha_5 RET_{it} \times CFR_{it} + \alpha_6 CFR_{it} \times D_{it}$$
$$+ \alpha_7 D_{it} \times CFR_{it} \times RET_{it} + LEV_{it} \times (\gamma_0 + \gamma_1 RET_{it} + \gamma_2 D_{it} + \gamma_3 RET_{it} \times D_{it}) + IND + YEAR + \varepsilon_{it}$$

$$(4-6)$$

其中：$\alpha_i (i = 1, \cdots, 7)$，$\gamma_j$（j=0，1，2，3）为回归系数。$\alpha_7$是度量终极控制股东现金流量权与会计稳健性之间关系的关键系数，若$\alpha_7 > 0$，表明终极控制股东现金流量权提高了会计稳健性。α_0和ε_{it}分别表示截距和误差项。其他变量同模型（2–1）。

同时，我们将TRS代替CFR代入模型（4–6），检验终极控制股东两权偏离度对会计稳健性的影响。检验结果见表4–13。

表4–13　**终极控制股东股权特征与会计稳健性的关系（Basu模型）**

变量	模型（4–6）							
	I				II			
	系数	T值	系数	T值	系数	T值	系数	T值
Intercept	0.022***	3.607	0.022***	3.550	0.022***	4.270	0.023	4.077
RET	0.002	0.852	0.002	0.599	0.003	0.974	0.025	0.630
D	−0.002	−0.379	−0.007	−1.076	−0.003	−0.609	−0.063	−1.606
D×RET	0.121***	6.790	0.106***	5.599	0.094***	6.068	0.162	4.129
CFR	0.048c	1.843	0.050**	1.902				
CFR×D	−0.039	−0.831	−0.054	−1.128				
CFR×RET	0.036	1.250	0.035	1.224				
CFR×D×RET	−0.072*	−1.834	−0.084***	−2.117				
TRS					0.084***	3.290	0.083	3.241
TRS×RET					0.026	0.811	0.028	0.878
TRS×D					−0.035	−0.908	−0.029	−0.752
TRS×RET×D					0.011	0.315	0.017	0.466
LEV			−0.011	−0.444			−0.009	−0.346
LEV×D			0.079**	2.098			0.075	2.002
LEV×RET			0.013	0.633			0.015	0.709
LEV×D×RET			0.068***	2.167			0.063	2.042
IND	控制		控制		控制		控制	
YEAR	控制		控制		控制		控制	
Adj.R²	0.073		0.074		0.074		0.072	
F	17.501***		15.373***		17.581***		15.431***	
N	5 388		5 388		5 388		5 388	

注：***、**和*分别表示在1%、5%和10%的水平显著。

为了检验终极控制股东产权性质对终极控制股东现金流量权与会计稳健性之间关系的影响，我们通过Basu模型，将CFR×State替代CFR代入模型（4-6），得到模型（4-7）：

$$EPS_{it}/P_{it} = \alpha_0 + \alpha_1 D_{it} + \alpha_2 RET_{it} + \alpha_3 D_{it} \times RET_{it} + CFR_{it} \times (\alpha_4 + \alpha_5 RET_{it} + \alpha_6 D_{it} + \alpha_7 D_{it} \times RET_{it})$$
$$+ CFR_{it} \times State_{it} \times (\alpha_8 + \alpha_9 RET_{it} + \alpha_{10} D_{it} + \alpha_{11} D_{it} \times RET_{it})$$
$$+ LEV_{it} \times (\gamma_0 + \gamma_1 RET_{it} + \gamma_2 D_{it} + \gamma_3 RET_{it} \times D_{it}) + IND + YEAR + \varepsilon_{it}$$

$$(4-7)$$

其中：$State_{it}$ 为终极控制股东产权性质。α_i（i=1，2，…，11），γ_j（j=0，1，2，3）为回归系数，α_{11} 是度量产权性质对终极控制股东现金流量权与会计稳健性之间关系的关键系数。若 α_{11} 通过显著性检验，表明国有和非国有终极控制股东股权现金流量权与会计稳健性之间的关系存在显著差异。α_0 和 ε_{it} 分别表示截距和误差项。其他变量和系数与模型（2-1）和模型（4-4）同。同时，我们将 TRS×State 替代 CFR×State 代入模型（4-7），检验终极控制股东产权性质对终极控制股东两权偏离度与会计稳健性之间关系的影响。检验结果见表4-14。

表4-14 产权性质对终极控制股东股权特征与会计稳健性关系的影响（Basu模型）

变量	模型（4-7）			
	I		II	
	系数	T值	系数	T值
Intercept	0.023***	3.632	0.024***	4.185
RET	0.009	0.245	0.001	0.439
D	−0.058	−1.304	−0.010*	−1.653
D×RET	0.231***	5.427	0.075***	4.156
CFR	0.030	0.859		
CFR×D	0.000	−0.005		
CFR×RET	0.072**	2.077		
CFR×D×RET	−0.078	−1.306		
CFR×State	0.033	0.924		
CFR×State×RET	−0.045**	−1.913		
CFR×State×D	−0.063	−1.108		
CFR×State×RET×D	−0.002	−0.035		
TRS			0.059**	1.973
TRS×RET			0.057*	1.632
TRS×D			0.016	0.342
TRS×RET×D			0.050	1.185
State×TRS			0.048*	1.703
State×TRS×RET			−0.045**	−2.069
State×TRS×D			−0.077*	−1.956
State×TRS×RET×D			−0.052*	−1.582
LEV	−0.013	−0.504	−0.010	−0.382
LEV×D	0.081***	2.157	0.078**	2.091
LEV×RET	0.015	0.736	0.016	0.769
LEV×D×RET	0.068***	2.162	0.066**	2.134
IND	控制		控制	
YEAR	控制		控制	
Adj. R^2	0.074		0.072	
F	13.695***		13.886***	
N	5 388		5 388	

注：***、**和*分别表示在1%、5%和10%的水平显著。

表4-13根据模型（4-6）检验终极控制股东现金流量权及两权偏离度对会计稳健性的影响。F值说明模型整体拟合度较好，调整后的R^2的值表明变量能够在一定程度上解释会计稳健性。

表中第I列数据考察终极控制股东现金流量权与会计稳健性之间的关系。从统计结果可见，无论是否加入控制变量LEV，CFR×D×RET的系数都显著为负，表明终极控制股东现金流量权越高，会计稳健性越低。这一检验结果与ACC模型和我们提出的假设（H6）一致，也与Bona-Sánchez et al.（2011）对西班牙1996—2006年上市公司的研究结论相同，表明终极控制股东现金流量权的增加降低了会计稳健性的市场需求，终极控制股东现金流量权越高的公司越可能操纵会计盈余质量。

表中第II列数据根据模型（4-6）考察终极控制股东两权偏离度与会计稳健性之间的关系。其中，TRS×RET×D系数为正，但是，没有通过显著性检验，研究结果表明没有充分的证据表明终极控制股东两权偏离度显著提高了会计稳健性。这一检验结果与ACC模型基本一致，存在的差异可能受模型的影响。与ACC模型相比，Basu模型更多考虑了未来可能产生的坏消息的影响。

Basu模型和ACC模型的统计结果综合表明，终极控制股东的现金流量权和两权偏离度影响上市公司会计稳健性水平，与Bona-Sánchez et al.（2011）的研究结论基本一致，即终极控制股东通过股权安排降低了会计信息质量。出现这一现象的主要原因可能是终极控制股东操纵会计信息掩盖其掠夺行为。

表4-14根据模型（4-7）检验终极控制股东产权性质对其股权特征与会计稳健性关系的影响。F值表明模型整体拟合度较好，调整后R^2的值表明变量能够在一定程度上解释会计稳健性。

表4-14中第I列数据检验终极控制股东产权性质对其现金流量权与会计稳健性关系的影响。其中，CFR×State×RET×D是反映这一差异的关键系数，其值为-0.002，但没有通过显著性检验，表明国有和非国有终极控制股东现金流量权对损失的确认没有显著差异。CFR×State×RET的值为-0.045，在5%的显著性水平上显著，表明与非国有终极控制股东相

比，国有终极控制股东现金流量权越高的公司，收益越可能被延迟确认，表现出稳健的特征，从而表明国有和非国有终极控制股东在好消息情况下对现金流量权与会计稳健性之间关系的影响存在显著差异。

表4-14中第Ⅱ列数据从两权偏离度视角考察终极控制股东产权性质对股权特征与会计稳健性关系的影响。其中，State×TRS×RET×D 的系数为−0.052，在10%的显著性水平上显著，表明与非国有终极控制公司相比，国有终极控制公司显著延迟了对坏消息的确认。State×TRS×RET 的系数为−0.045，在5%的显著性水平显著，表明与非国有终极控制公司相比，国有终极控制公司显著延迟了对好消息的确认。表4-14的统计数据表明，不管是从现金流量权还是从两权偏离度来看。终极控制股东产权性质对股权特征与会计稳健性之间的关系存在显著影响，国有终极控制股东更多地表现为对好消息的延迟确认，从而表现出稳健的特征。

本节研究结果表明，终极控制股东现金流量权和两权偏离度显著影响公司的会计稳健性水平，这一影响受终极控制股东产权性质的制约，不同产权性质的终极控制股东对损失和收益的作用机理不同。会计监管和公司治理不能忽略终极控制股东股权特征及其产权性质对会计信息质量的影响。

4.3 —— 终极控制股东派出董事与会计稳健性 ——

4.3.1 终极控制股东派出董事与会计稳健性理论分析与研究假设

在董事会与会计稳健性的研究方面，既有研究得到基本一致的结论，即董事会越独立的公司会计越稳健（如 Beekes et al.，2004；Ahmed 和 Duellman，2007；陈胜蓝和魏明海，2007 等）。但是，这些研究都是横向关注影响董事会独立性的董事会特征（如董事会规模、董事会构成、董事长与 CEO 两职是否分离等）对会计稳健性的影响，鲜有文献纵向分析终极控制股东影响董事会独立性的因素，以及这一因素对会计稳健性的作用。我们从纵向股权关系分析终极控制股东派出董事对会计稳健性的影响。

1）终极控制股东派出董事与会计稳健性

公司内部和外部董事独立性存在差异，内部董事的职业生涯通常与CEO 紧密联系，其独立性比外部董事更低。外部董事更高的独立性使其在解决经理人与股东之间的代理问题中发挥积极作用（Fama 和Jensen，1983）。但是，现有研究较少关注外部董事的来源和独立性问题。我们从董事会成员与终极控制股东的关系出发进行统计，发现终极控制股东向其控制公司派出董事的现象非常普遍。终极控制股东是公司实际控制人①，能够实际支配公司行为。终极控制股东派出董事代表控制股东利益，可以在不增加投资的情况下增加终极控制股东对上市公司的控制，从而弱化公司治理。这是因为，一方面，终极控制股东派出董事削弱了董事会对控制股东的监督力度。当终极控制股东存在机会主义行为时，派出董事不仅对控制股东操纵会计信息以实现个人利益行为的监督弱化，而且可能为控制人创造使用不稳健会计的条件。另一方面，终极控制股东派出董事也可能影响董事会对经理人的监督力度。终极控制股东不仅派出董事参与董事会决策，而且派出管理者参与公司决策的执行（La Porta et al.，1999；Claessens et al.，2000；Faccio et al.，2002）。当董事与管理者都受制于同一终极控制股东时，派出董事助长了终极控制股东从公司决策制定机构到决策执行机构的纵向控制，获得更高的控制权私利。因此，终极控制股东派出董事席位越多，董事会独立性可能越低，从而加剧公司内部人与外部投资者之间的代理矛盾和信息不对称问题。

既有关于董事会独立性与会计稳健性的研究中，Beekes et al.（2004）通过对英国1993—1995 年非金融类公司的研究发现，外部董事比例更高的公司确认坏消息更及时，会计更稳健。Ahmed 和 Duellman（2007）考察美国1999—2001 年的会计稳健性与董事会特征时发现，内

---

① 我国公司法第二百一十七条指出，实际控制人是指通过投资关系、协议或者其他安排，能够实际支配公司行为的人。

部董事所占比例与会计稳健性负相关，外部董事持股与会计稳健性正相关。国内研究中，陈胜蓝和魏明海（2007）从独立董事比例，公司董事长与总经理两职是否分任角度，考察董事会独立性对公司盈余稳健性的影响，研究发现，独立董事比例越高，会计盈余对好消息的确认滞后，对坏消息的确认提前，董事长与总经理两职分任显著延迟会计盈余确认好消息的速度。这些研究都表明，董事会越独立的公司会计越稳健。

在中国大部分上市公司中，董事会行为并非以集体决策为基础，大股东垄断董事会人选决定权（肖作平，2008；萧维嘉等，2009），终极控制股东控制董事会从而对其所控制公司施加影响（苏忠秦和黄登仕，2012）。终极控制股东派出董事可能降低董事会独立性。由于会计稳健性通过在不确定性市场环境中及时确认损失，延迟确认收益，能够抑制终极控制股东"隧道"行为。当终极控制股东派出董事存在掠夺动机或行为时，为了避免稳健会计的约束，终极控制股东可能选择降低稳健性的会计行为。同时，控制股东为了避免外部监督和名誉损失，可能提前确认收益、延迟确认损失，制造良好的公司业绩以掩盖恶化的经济实质，导致会计稳健性水平的降低。因此，提出如下假设。

H7：在其他条件不变的情况下，终极控制股东派出董事可能降低会计稳健性。

2）产权性质对终极控制股东派出董事与会计稳健性关系的影响

中国上市公司按终极控制股东产权属性分为国有和非国有两类，其中，国有终极控制公司占主导地位（刘芍佳，2003）。国有终极控制股东垄断了董事会的人选决定权。肖作平（2008）研究发现，在国有上市公司中，近70%的董事由国家通过直接或间接方式选定，国家处于绝对控制地位。我们统计董事来源与终极控制股东的关系时发现，国有终极控制股东派出董事所占比重（53.56%）[①]较大。在国有终极控制公司中，国家是终极所有人。但是，由于国有出资人严重缺位，公司实质上由政府代替国家行使控制权。因此，国有终极控制股东派出董事可能加剧内部人控制问

---

① 该数据为我们根据样本数据计算得到，见表5–16中 State 的均值。

题。内部人控制主要通过两方面影响会计稳健性的市场需求。一方面，由于"廉价投票权"的存在，内部人控制降低了出资人基于监督目的的会计稳健性需求。另一方面，在中国以会计盈余为基础的薪酬和评价机制下，管理者薪酬常与会计盈余挂钩，内部人控制降低了其高估盈余的风险，从而降低稳健性需求。与国有终极控制公司不同的是，当非国有终极控制股东与管理者利益不一致时，控制股东需要稳健的会计信息监督管理者机会主义行为。因此，国有和非国有控制股东对会计信息质量产生不同的影响（邵春燕，2010）。游家兴和罗胜强（2008）研究发现，控股股东为国有的上市公司比非国有上市公司的盈余质量更低。王化成和佟岩（2006）通过对盈余反应系数的研究得到相同的结论。在会计稳健性方面，杨克智和谢志华（2010）以2003—2009年沪深A股上市公司为样本进行研究，发现终极控制股东性质影响会计稳健性。朱茶芬和李志文等（2008）研究发现，国有终极控制上市公司会计稳健性更低。终极控制股东派出董事代表控制股东利益。国有终极控制股东更低的会计稳健性需求影响派出董事对损失确认的监督力度。因此，与非国有终极控制股东派出董事相比，国有终极控制股东派出董事可能对会计稳健性产生更多负面影响。因此，提出以下假设。

H8：在其他条件不变的情况下，终极控制股东派出董事与会计稳健性的关系可能受产权性质的影响，国有终极控制股东派出董事对会计稳健性的负面影响可能更大。

3）终极控制股东派出董事政府背景对会计稳健性的影响

政府背景是有价值的资源（Adhikari et al.，2006）。我们统计发现，中国上市公司终极控制股东派出较多（30%）[①]有政府背景的董事。现有研究发现，公司高管和董事的政府背景影响公司行为和业绩。魏刚等（2007）以1999—2002年上市公司为样本研究发现，有政府背景的独立董事比例越高，公司经营业绩越好。吴文锋等（2008）研究发现，高管的政府背景能增加公司价值，他们发现这是因为高管政府背景能带来融资便利和税收优惠。吴斌等（2011）对政府背景是

---

① 该数据为我们根据样本数据计算得到，见表5-16中GDR的均值。

否影响企业成长能力进行实证检验，发现政府背景提高了企业成长能力。上述研究表明，公司通过寻求政治联系获得政治好处，形成公司之间不正当市场竞争。

Watts（2003）研究认为，契约和诉讼是产生会计稳健性的重要原因。在契约方面，债权人关心其资金能否按时足额得到偿还，因此，债权人需要公司提供稳健的财务报告以保证公司净资产不低于债权，这一需求将在契约条款中被规定。然而，派出董事通过政府背景获得的融资可能违背市场资源配置原则，降低市场配置资源所需的会计稳健性需求。同时，有政府背景的公司倾向通过政治寻租等手段解决公司融资困境，从而减少其他融资。其他融资的减少降低了融资契约各利益主体的会计稳健性需求。杜兴强等（2009）研究发现，民营上市公司具有的政治背景降低了会计稳健性。Yuan（2008）研究认为，有政治背景的CEO在公司业绩变差时更不容易被更换，从而降低稳健性在代理问题中的需求。因此，我们预计终极控制股东派出有政府背景的董事可能降低会计稳健性，提出如下假设。

H9：在其他条件不变的情况下，终极控制股东派出有政府背景的董事可能降低公司会计稳健性。

4.3.2　终极控制股东派出董事与会计稳健性实证研究

1）研究变量

被解释变量为会计稳健性，我们运用ACC模型度量。

解释变量包括终极控制股东派出董事席位、产权性质，派出董事政府背景。终极控制股东派出董事席位以终极控制股东派出董事与董事会总人数之比反映，用UDR表示。终极控制股东产权性质分为国有和非国有两类，以State表示。State的界定与4.1.1中的界定相同。

终极控制股东派出董事政府背景，我们参照吴文锋（2009）和吴斌等（2011）的研究，拟从三个维度刻画终极控制股东派出董事的政府背景，即曾在政府部门任职，或担任人大代表、政协委员。终极控制股东派出董事政府背景用GDR表示，当终极控制股东派出董事有政府背景时，GDR=1，否则，GDR=0。

控制变量的界定与 4.1.1 相同。主要变量见变量定义表 4-15。其他变量见变量定义表 4-1。

表 4-15 主要变量定义表

变量符号	变量名称	变量定义
UDR	终极控制股东派出董事所占董事会席位	终极控制股东派出董事/董事会总人数
GDR	终极控制股东派出董事政府背景	当终极控制股东派出董事曾在政府部门任职，或担任人大代表、政协委员时，GDR =1，否则，GDR=0

2）样本选取和数据来源

本研究选取了 2004—2012 年沪深主板市场的 A 股上市公司，遵循以下原则：第一，不考虑金融类上市公司，因金融类公司自身特性而被剔除；第二，剔除了含 B 股或 H 股的上市公司，因为境内外双重监管环境可能使这些公司与其他公司不同；第三，剔除了数据不全的公司。在 ACC 模型下获得 5 337 个混合横截面数据，实证检验终极控制股东派出董事与会计稳健性的关系，以及这一关系是否以及如何受终极控制股东产权性质的影响，同时检验终极控制股东派出董事政府背景对会计稳健性的影响。研究所需终极控制股东派出董事及派出董事政府背景数据根据中国证监会指定信息披露网站——巨潮资讯①提供的公司会计年报整理而得，其他数据取自深圳国泰安信息技术公司开发的数据库（CSMAR）。

3）模型设计

我们选用 ACC 模型进行会计稳健性度量，在模型（2-8）的基础上，构建模型（4-8），检验终极控制股东派出董事席位对会计稳健性的影响。

$$
\begin{aligned}
ACC_{it} = {} & \beta_0 + \beta_1 CFO_{it} + \beta_2 DCFO_{it} + \beta_3 CFO_{it} \times DCFO_{it} + \beta_4 UDR_{it} + \beta_5 UDR_{it} \times CFO_{it} + \beta_6 UDR_{it} \\
& \times DCFO_{it} + \beta_7 UDR_{it} \times CFO_{it} \times DCFO_{it} + LEV_{it} \times (\eta_0 + \eta_1 CFO_{it} + \eta_2 DCFO_{it} \\
& + \eta_3 CFO_{it} \times DCFO_{it}) + IND + YEAR + \varepsilon_{it}
\end{aligned}
$$

$$(4-8)$$

其中：β_i（i=1，2，…，7）和 η_j（j=0，1，2，3）为回归系数。

---

① 巨潮资讯网址：http://www.cninfo.com.cn/。

UDR 表示终极控制股东派出董事席位。LEV 为控制变量，是长期负债对负债总额的比值，其他变量同模型（4-8）。β_0 和 ε_{it} 分别表示截距和随机误差项。

同时，我们将 GDR 代替 UDR 代入模型（4-8），检验终极控制股东派出董事政府背景对会计稳健性的影响，并在模型（2-8）的基础上，将 UDR×State 替代 UDR 代入模型（4-8），构建模型（4-9），检验终极控制股东产权性质对派出董事席位与会计稳健性关系的影响。

$$ACC_{it} = \beta_0 + \beta_1 CFO_{it} + \beta_2 DCFO_{it} + \beta_3 CFO_{it} \times DCFO_{it} + \beta_4 UDR_{it} + \beta_5 UDR_{it} \times CFO_{it} +$$
$$\beta_6 UDR_{it} \times DCFO_{it} + \beta_7 UDR_{it} \times CFO_{it} \times DCFO_{it} + UDR_{it} \times State_{it} \times (\beta_8 + \beta_9 CFO_{it} +$$
$$\beta_{10} DCFO_{it} + \beta_{11} CFO_{it} \times DCFO_{it}) + LEV_{it} \times (\eta_0 + \eta_1 CFO_{it} + \eta_2 DCFO_{it} + \eta_3 CFO_{it} \times$$
$$DCFO_{it}) + IND + YEAR + \varepsilon_{it}$$

$$(4-9)$$

其中：β_i（i=1，2，...，11）和 η_j（j=0，1，2，3）为回归系数。$State_{it}$ 为终极控制股东产权性质。β_0 和 ε_{it} 分别表示截距和随机误差项。其他变量同模型（2-8）和模型（4-8）。

4）实证结果及分析

（1）描述性统计（见表4-16）。

表4-16　　　　　　　　　　　**主要变量的描述性统计**

变量	N	Mean	Median	Min.	Max.	Std.
UDR	5 337	0.300	0.333	0.000	1.000	0.200
GDR	5 337	0.300	0.330	0.000	1.000	0.465
State	5 337	0.536	1.000	0.000	1.000	0.499
LEV	5 337	0.171	0.105	0.001	0.917	0.187

表4-16的数据显示，UDR 的均值（中位值）为0.300（0.333），表明，终极控制股东派出董事席位占董事会总人数的三分之一左右。GDR 的均值（中位值）为0.300（0.330），表明终极控制股东派出董事中有政府背景的公司较多。State 的均值为0.536，表明超过一半样本公司的终极控制股东为国有。

（2）回归统计结果。

表4-17运用ACC模型考察终极控制股东产权性质及派出董事席位对

会计稳健性影响的检验结果。

表4-17　终极控制股东派出董事对会计稳健性的影响（ACC模型）

变量	模型（2-8）		模型（4-8）		模型（4-9）	
	I		II		III	
	系数	T	系数	T	系数	T
Intercept	0.012***	2.453	0.008	1.307	0.007	1.207
CFO	−0.829***	−73.799	−0.821***	−44.369	−0.817***	−43.947
DCFO	−0.014***	−5.011	−0.007	−1.291	−0.007	−1.339
DCFO×CFO	0.148***	8.124	0.361***	11.091	0.357***	10.947
UDR			0.024***	2.626	0.040***	3.363
UDR×DCFO			0.001	0.044	0.013	0.752
UDR×CFO			−0.090**	−2.001	−0.167***	−2.531
UDR×DCFO×CFO			−0.240***	−2.955	−0.041	−0.401
UDR×State					−0.023**	−2.134
UDR×DCFO×State					−0.020	−1.252
UDR×CFO×State					0.105*	1.649
UDR×CFO×DCFO×State					−0.322***	−3.112
LEV			−0.010	−1.033	−0.009	−0.906
LEV×DCFO			−0.042***	−2.934	−0.042***	−2.962
LEV×CFO			0.070	1.318	0.063	1.185
LEV×CFO×DCFO			−0.796***	−8.465	−0.799***	−8.483
IND	控制		控制		控制	
YEAR	控制		控制		控制	
Adj. R²	0.772		0.778		0.778	
F	702.559***		623.927***		552.434***	
N	5 337		5 337		5 337	

注：***、**和*分别表示在1%、5%和10%的水平显著。

表4-17中的F值反映出回归总体结果显著，调整后的R^2表明回归模型有较强的说服力。

表4-17中第I列数据是根据模型（2-8）检验样本公司总体会计稳健性的统计结果。其中，DCFO×CFO是会计盈余对坏消息的增量反映，其系数（0.148）为正，且在1%的显著性水平上显著，表明样本公司会计总体稳健。

表4-17中第II列数据是根据模型（4-8）考察终极控制股东派出董事席位对会计稳健性影响的检验结果。其中，UDR×DCFO×CFO的值为−0.240，在1%的显著性水平上显著，统计结果表明终极控制股东派出董事会席位越多的公司会计稳健性越低。统计结果表明终极控制股东派出董事抑制了会计信息质量的提高。

表4-17中第Ⅲ列数据是根据模型（4-9）检验终极控制股东产权性质对派出董事席位与会计稳健性关系影响的检验结果。其中，UDR×CFO×DCFO×State系数值（-0.322）显著为负。统计数据表明，与非国有终极控制股东派出董事相比，国有终极控制股东派出董事的公司在不确定性情况下延迟确认坏消息，会计稳健性降低，表明国有终极控制股东派出董事对会计稳健性的负面影响相对更大。这一结论通过对终极控制股东派出董事对会计稳健性影响的研究支持了朱茶芬和李志文（2008）提出的国有控股上市公司内部人控制问题削弱股东对会计信息的有效需求的观点。

现有技术条件难以辨别国有终极控制股东派出董事的政府背景对会计稳健性的影响是来自董事的政府背景，还是来自终极控制股东本身的政府背景，或者二者兼而有之。因此，我们在此仅研究非国有终极控制股东派出董事的政府背景对会计稳健性的影响。模型检验结果见表4-18。

表4-18　　　　非国有终极控制股东派出董事的政府背景

对会计稳健性的影响（ACC模型）

变量	模型（2-8） I		模型（4-9） II			
	系数	T	系数	T	系数	T
Intercept	0.016^{**}	2.070	0.014^{**}	1.849	0.014^{*}	1.625
CFO	-0.830^{***}	-40.659	-0.847^{***}	-36.529	-0.847^{***}	-31.287
DCFO	-0.009^{*}	-1.869	-0.008	-1.393	0.004	0.651
CFO×DCFO	0.202^{***}	6.963	0.251^{***}	7.618	0.409^{***}	10.111
GDR			0.009	1.293	0.009	1.295
GDR×DCFO			-0.004	-0.356	0.000	0.021
GDR×CFO			0.079^{*}	1.793	0.079^{*}	1.813
GDR×CFO×DCFO			-0.218^{***}	-3.370	-0.157^{***}	-2.454
LEV					0.002	0.129
LEV×DCFO					-0.067^{***}	-2.648
LEV×CFO					-0.002^{***}	-0.024
LEV×CFO×DCFO					-0.911^{***}	-6.036
IND	控制		控制		控制	
YEAR	控制		控制		控制	
Adj.R^2	0.712		0.716		0.724	
F	281.449^{***}		243.524^{***}		219.715^{***}	
N	2 501		2 501		2 501	

注：***、**和*分别表示在1%、5%和10%的水平显著。

表4-18根据ACC模型考察非国有终极控制股东派出董事的政府背景对会计稳健性的影响。其中，模型的F值表明回归的总体结果显著，调整后的R^2值说明回归模型有较强的说服力。

表4-18中第I列数据根据模型（2-8）检验非国有终极控制公司会计稳健性总体情况。其中，CFO×DCFO的系数值为0.202，在1%的显著性水平上显著，表明非国有终极控制公司会计对损失的确认比对收益的确认更及时，会计稳健，检验结果与模型一致。

表4-18中第II列数据根据模型（4-9）检验非国有终极控制股东派出董事的政府背景对会计稳健性的影响。其中，不管模型中是否加入控制变量LEV，GDR×CFO×DCFO的系数值都为负，且都通过了显著性检验。统计结果表明，非国有终极控制股东派出有政府背景的董事的公司在不确定性经济情况下未及时确认可能产生的损失。本研究支持了杜兴强等（2009）提出的民营上市公司的政治联系降低了会计稳健性的观点。董事的政府背景带给公司更多的融资便利和税收好处可能降低了会计稳健性的市场需求。

5）敏感性分析

我们选用Basu模型就终极控制股东派出董事对会计稳健性的影响进行敏感性分析，对Basu基本模型（2-1）进行拓展，得到模型（4-10）。

$$
\begin{aligned}
EPS_{it}/P_{it} = &\alpha_0 + \alpha_1 RET_{it} + \alpha_2 D_{it} + \alpha_3 RET_{it} \times D_{it} + \alpha_4 UDR_{it} + \\
&\alpha_5 UDR_{it} \times RET_{it} + \alpha_6 UDR_{it} \times D_{it} + \alpha_7 UDR_{it} \times RET_{it} \times D_{it} + \\
&LEV_{it} \times (\gamma_0 + \gamma_1 RET_{it} + \gamma_2 D_{it} + \gamma_3 RET_{it} \times D_{it}) + IND + YEAR + \varepsilon_{it}
\end{aligned} \quad (4-10)
$$

其中：α_i（i=1，2，...，7），γ_j（j=0，1，2，3）为回归系数。UDR表示终极控制股东派出董事席位。LEV为控制变量，是长期负债对负债总额的比值，其他变量同模型（2-1）。α_0和ε_{it}分别表示截距和随机误差项。

同时，我们将GDR代替UDR代入模型（4-10），检验非国有终极控制股东派出董事政府背景对会计稳健性的影响。统计结果见表4-19。

表4-19 终极控制股东派出董事对会计稳健性的影响（Basu模型）

变量	模型（2-1） I		模型（4-10） II		模型（4-11） III	
	系数	T	系数	T	系数	T
Intercept	0.034***	4.657	0.027***	4.172	0.028***	4.207
RET	0.087**	2.302	−0.036	−0.901	−0.038	−0.936
D	−0.033	−1.002	−0.092*	−1.704	−0.094*	−1.734
D×RET	0.231***	6.574	0.263***	5.442	0.262***	5.421
UDR			0.006	0.268	0.000	0.000
UDR×D			0.011	0.195	0.049	0.799
UDR×RET			0.099***	3.010	0.107***	3.047
UDR×D×RET			−0.111***	−2.406	−0.077	−1.482
UDR×State					0.017	0.645
UDR×State×D					−0.013	−0.599
UDR×State×RET					−0.061	−1.442
UDR×State×D×RET					−0.047	−1.297
LEV			−0.008	−0.326	−0.010	−0.383
LEV×D			0.075**	2.017	0.080***	2.136
LEV×RET			0.017	0.832	0.018	0.872
LEV×D×RET			0.065**	2.093	0.068***	2.200
IND	控制		控制		控制	
YEAR	控制		控制		控制	
Adj.R^2	0.070		0.076		0.076	
F	16.781***		15.817***		14.026***	
N	5 421		5 421		5 421	

注：***、**和*分别表示在1%、5%和10%的水平显著。

为了检验终极控制股东产权性质对派出董事与会计稳健性关系的影响，将UDR×State替代UDR代入模型（4-10），构建了模型（4-11）：

$$EPS_{it}/P_{it} = \alpha_0 + \alpha_1 RET_{it} + \alpha_2 D_{it} + \alpha_3 RET_{it} \times D_{it} + \alpha_4 UDR_{it} + \alpha_5 UDR_{it} \times RET_{it} +$$
$$\alpha_6 UDR_{it} \times D_{it} + \alpha_7 UDR_{it} \times RET_{it} \times D_{it} + UDR_{it} \times State_{it} \times (\alpha_8 + \alpha_9 RET_{it} + \alpha_{10} D_{it}$$
$$+ \alpha_{11} RET_{it} \times D_{it}) + LEV_{it} \times (\gamma_0 + \gamma_1 RET_{it} + \gamma_2 D_{it} + \gamma_3 RET_{it} \times D_{it}) + IND + YEAR + \varepsilon_{it}$$

$$(4\text{-}11)$$

其中：α_i（i=1，2，…，11），γ_j（j=0，1，2，3）为回归系数。State$_{it}$为终极控制股东产权性质，其他变量同模型（2-1）和（4-10）。α_0

和 ε_{it} 分别表示截距和随机误差项。统计结果见表4-20。

表4-20　　**非国有终极控制股东派出董事的政府背景对**

会计稳健性的影响（Basu模型）

变量	模型（2-1）		模型（4-11）			
	I		II			
	系数	T	系数	T	系数	T
Intercept	0.034***	4.657	0.033***	4.380	0.033***	4.178
RET	0.087**	2.302	0.061	1.473	0.048	1.085
D	−0.033	−1.002	−0.016	−0.407	−0.053	−1.119
D×RET	0.231***	6.574	0.242***	5.928	0.210***	4.409
GDR			0.033	0.978	0.033	0.985
GDR×D			−0.038	−0.800	−0.041	−0.852
GDR×RET			0.044	1.494	0.044	1.511
GDR×D×RET			−0.023	−0.547	−0.026	−0.627
LEV					−0.011	−0.329
LEV×D					0.073	1.410
LEV×RET					0.021	0.696
LEV×D×RET					0.058	1.282
IND	控制		控制		控制	
YEAR	控制		控制		控制	
Adj. R^2	0.094		0.096		0.095	
F	12.529***		10.915***		9.542***	
N	2 431		2 431		2 431	

注：***、**和*分别表示在1%、5%和10%的水平显著。

表4-19中的F值说明模型整体拟合度较好，调整后的 R^2 值表明检验变量能够在一定程度上解释会计稳健性。

表4-19第I列数据是根据模型（2-1）检验样本公司总体稳健性的结果。其中，D×RET的系数为0.231，且1%的显著性水平上显著，表明样本公司会计总体稳健。

表4-19第II列数据是根据模型（4-10）检验终极控制股东派出董事席位对会计稳健性影响的检验结果。其中，UDR×D×RET的系数为−0.111，在1%的显著水平上显著，表明终极控制股东派出董事所占董事会席位越多的公司会计稳健性越低。检验结果与我们提出的假设

（H7）一致。

表4-19第Ⅲ列数据是根据模型（4-11）检验终极控制股东产权性质对派出董事席位与会计稳健性关系的影响。其中，UDR×State×D×RET的系数为-0.047，没有通过显著性检验，统计结果表明，国有终极控制股东派出董事在一定程度上可能降低了会计稳健性，但是这一影响在统计上不显著。

表4-20的F值反映出回归总体结果显著，调整后的R^2值表明回归模型有较强的说服力。

表4-20第Ⅰ列数据考察非国有终极控制上市公司会计总体稳健性状况。其中，D×RET的系数值显著为正，表明会计稳健。

表4-20第Ⅱ列数据考察非国有终极控制股东派出董事政府背景对上市公司会计稳健性的影响。不管是否控制债务契约，GDR×D×RET的系数都为负，但统计上不显著，表明非国有终极控制股东派出有政府背景的董事在一定程度上降低了公司会计稳健性。Basu模型与ACC模型对终极控制股东派出董事与会计稳健性关系的检验结果表明，终极控制股东派出董事可能助长了终极控制股东从公司决策制定层到决策执行层的纵向控制，获得更高的控制权私利。

4.4   本章小结

本章理论分析和实证检验了终极控制股东对会计稳健性的影响。研究发现，拥有金字塔股权结构的公司比不具有金字塔股权结构公司的会计稳健水平更低；终极控制股东的股权结构安排加剧了终极控制股东与外部投资者之间的代理矛盾；金字塔层级与会计稳健性负相关，即金字塔层级越多的公司会计稳健性越低；与国有终极控制公司相比，非国有终极控制公司金字塔层级对会计稳健性的负面影响更大；在终极控制股东两权偏离度与会计稳健性的关系方面，与非国有终极控制股东相比，国有终极控制股东两权偏离度越大的公司会计越不稳健；在现金流量权方面，国有终极控制股东的现金流量权延迟确认损失。终极控制股东两权偏离度越大的公司会计稳健性越低。研究认为，金字塔股权结构能够在保证权力不被稀释的情况下通过金字塔层级的杠杆作用放大终极控制股东的控制权，实现以较小的现金流量权控制数倍价值的公司，增加了终极控制股东对中小股东的剥夺能力和动机。为了逃避法律制裁和社会监督，控制股东可能通过操纵财务报告过程和信息披露政策掩盖其机会主义行为。因此，金字塔股权结构及受其影响的终极控制股东股权特征（包括金字塔层级、现金流量权、两权偏离度、派出董事等）影响上市公司会计稳健性水平。

第 5 章

投资者保护与会计稳健性研究

5.1 ——— 投资者保护与会计稳健性理论分析与研究假设 ———

高质量的会计信息能够降低信息不对称和代理成本（Ahmed 和 Duellman，2007）。会计稳健性是高质量会计信息的特征（Ball 和 Shivakumar，2005）。稳健的会计在充分考虑经济事项不确定性和风险的情况下进行会计确认和计量，能够降低信息不对称，缓解代理矛盾。会计稳健性的公司治理作用使其成为财务经济学研究的重要内容。会计信息失真是国内外资本市场面临的突出问题。保护投资者合法利益成为解决这一问题的重要措施。Bushman 和 Piotroski（2006）研究认为，投资者保护影响投资者、经理人、监管者，以及其他市场主体行为，这一影响最终形成公司披露会计数据的特征。投资者保护如何影响会计稳健性？国外主流文献研究发现，投资者保护较好的国家会计稳健性更高（如 Ball et al.，2000；Bushman 和 Piotroski，2006；Lara et al.，2009）。但是，这些研究重在横向比较投资者保护国别差异对会计稳健性的影响，没有考察特定国家投资者保护从弱到强的发展过程中，投资者保护的时期差异和地区差异是否以及如何影响会计稳健性。国内关于投资者保护与会计稳健性的研究比较薄弱。中国投资者保护水平总体较低，但是，近年来，投资者保护措施不断完善。中国的投资者保护是否以及如何影响会计稳健性？投资者保护对会计稳健性的影响是否以及如何受投资者保护时期和区域差异的影响？这是研究中国上市公司会计稳健性需要厘清的重要问题。

投资者保护源于委托代理问题。现代公司治理的主要矛盾表现为控制股东与中小股东之间的代理问题（Shleifer和Vishny，1997）。终极控制股东通过金字塔、交叉持股、双重股份等股权安排，通过掌控公司高管人事任免权加大对上市公司的控制。控制权带来控制私有利益。控制股东通过转移定价、关联交易、担保等手段转移公司资源，掠夺外部投资者利益。外部投资者对于内部人的掠夺行为只能采取惩戒措施。惩戒措施的效率取决于投资者保护制度的完善程度和执行效率。投资者法律保护体制授予投资者惩戒内部人的权利（如替换经理），限制内部人私有控制收益契约的制定和实施。控制股东与外部投资者之间的信息不对称问题能否通过财务信息得到改善，依赖于外部投资者利益能否通过制度性安排得到保护。有效保护外部投资者的法律制度增加了控制股东掠夺行为的诉讼风险和诉讼成本，降低其掠夺收益额度和掠夺动机。同时，控制股东与经理人之间的信息共享程度受投资者保护条款的约束，投资者保护越完善，二者私下信息沟通形式被公开披露信息代替的需求越大，控制股东需要更稳健的会计信息监督经理人行为。因此，从监督需求而言，投资者保护的加强将提高会计稳健程度。

学者们就投资者保护对会计稳健性的影响进行了广泛研究。例如，Lobo和Zhou（2006）研究认为《萨班斯法案》更严格的外部治理制度提高了美国上市公司会计稳健性，Lara et al.（2009）研究得到一致的结论。Ball et al.（2000）对世界7个经济发达国家[①]会计稳健性的研究发现，普通法系国家更好的投资者保护和更完善的公司内部治理机制使得公司利益主体间的信息不对称更倾向于通过及时公开的信息披露方式进行解决，从而增加会计稳健性的市场需求，会计更稳健。此外，Ball et al.（2000）还对18个[②]其他国家和地区的会计盈余特征进行研究发现，由于有效法律诉讼

①　即澳大利亚、加拿大、英国和美国四个普通法国家和法国、德国及日本三个成文法国家。
②　包括奥地利、比利时、丹麦、芬兰、意大利、挪威、西班牙、瑞典、瑞士、中国香港、印度、爱尔兰、马来西亚、荷兰、新西兰、新加坡、南非、泰国。

执行机制的缺乏，引入英美较高稳健性要求的会计准则的国家并未实现提高会计信息稳健的目的，从而证明投资者保护对提高会计稳健性的重要。他们的观点也得到 Fan 和 Wong（2002）研究的支持。Bushman 和 Piotroski（2006）在上述研究基础上，扩大样本范围，从法律内容及执法力度两个视角研究两大法系（即普通法和成文法）下 38 个国家投资者保护与会计信息质量的关系，研究发现，在所有的法律制度下，与低质量司法体系国家相比，高质量司法体系国家报告的会计盈余更及时；更严格的公众执法通过延缓确认好消息提高了会计稳健性。上述经验研究表明，投资者保护水平越高的国家会计越稳健。国外研究侧重投资者保护与会计稳健性关系的国际比较，缺乏对特定国家不同时期不同区域投资者保护与会计稳健性关系的考察。国内研究发现，包括会计法规制度在内的投资者保护对会计稳健性产生了积极影响。随着中国会计制度改革的深化，加强贯彻稳健会计政策的《企业会计制度》的实施提高了会计稳健性（陈旭东和黄登仕，2000；曲晓辉和邱月华，2007）。曲晓辉和邱月华（2007）研究指出，如果缺乏配套的法律及其有效的执行机制，单纯依靠会计准则不能改善会计信息质量。董红星（2011）对 1994—2009 年期间不同阶段的会计稳健性进行了研究，发现这一期间会计稳健性呈增长趋势，并将这一结果归因于投资者保护加强所致。但是，研究并未实证检验投资者保护与会计稳健性之间的关系。陈胜蓝和魏明海（2006）对中国 2001—2004 年不同地区 A 股上市公司会计稳健性的研究发现，投资者保护较弱地区的会计更稳健，他们认为，会计稳健性是弱投资者保护的替代机制，能够提高投资者保护较弱地区的会计信息质量，从而补偿弱投资者保护带来的负面效应。国内研究充分肯定了投资者保护对提高会计稳健性的重要影响。

综上所述，投资者保护水平的提高增加了诉讼风险和诉讼成本，约束控制股东的掠夺动机和能力，控制股东操纵会计数据生成过程和会计信息披露掩盖掠夺行为的需要也将弱化。因此，投资者保护水平的提高有助于降低信息不对称性，提高市场的会计稳健性需求。虽然当前中国的投资者保护水平总体较低，但是，近年来投资者保护措施得到加强。《2012 年度中国上市公司投资者保护状况评价报告》指出，上市公司投资者保护状况从 2003 年至 2012 年呈逐年改善之势。中国不断加强的投资者保护措施和不断提高的投资者保护水平可能提高包括会计稳健性在内的会计信息质量。因此，提出以下假设。

H10：在其他条件不变的情况下，中国投资者保护水平与会计稳健性正相关；会计稳健性可能受投资者保护时期差异的影响。

中国投资者保护状况存在区域差异，东部地区投资者保护水平总体上优于其他地区（樊纲等，2011）。这一差异对不同地区公司治理产生重要影响。许年行和吴世农（2006）、王鹏等（2008）研究发现，地区投资者保护在改善企业治理结构和经营绩效方面发挥重要作用。于文超和何勤英（2013）研究指出，地区投资者保护对资本配置效率影响是长期的，并发现投资者保护水平越高的地区，企业投资能带来更高的业绩增长。财务报告是公司治理过程的产品。投资者保护区域差异对公司治理的影响也将体现在财务报告特征中。在投资者保护较弱的情况下，终极控制股东可能通过盈余管理手段操纵会计信息，降低财务信息透明度（刘启亮等，2008）。完善的投资者保护要求更高质量的会计信息与之相匹配（Leuz et al.，2003）。东部地区相对较好的投资者保护一方面可能增加会计稳健性市场需求，另一方面有助于更好地执行稳健会计准则，监督公司提供质量更高的会计信息。因此，提出以下假设。

H11：中国投资者保护与会计稳健性的关系可能存在区域差异，投资者保护相对较好的东部地区的上市公司会计更稳健。

5.2 ——————— 投资者保护与会计稳健性实证研究 ———————

5.2.1　研究设计

1）研究变量

被解释变量为会计稳健性。陈胜蓝和魏明海（2006）采用 Basu 模型，对中国 2001—2004 年不同地区 A 股上市公司会计稳健性的研究发现，投资者保护较弱地区的会计更稳健，他们认为，会计稳健性是弱投资者保护的替代机制，能够提高投资者保护较弱地区的会计信息质量，从而补偿弱投资者保护带来的负面效应。为了与陈胜蓝和魏明海（2006）的研究进行比较，我们采用与陈胜蓝和魏明海（2006）相同的模型——Basu 模型度量会计稳健性，研究投资者保护与会计稳健性的关系，并用不同时期数据进行敏感性分析。

解释变量包括投资者保护水平、投资者保护区域差异。我们参照于文超和何勤英（2013）、唐建新和陈冬（2010）、苏坤，张俊瑞，杨淑娥（2010）和王力军（2008）等的研究，选用《中国市场化指数——各地区市场化相对进程 2011 年报告》（樊纲等，2011）提供的 2004—2009 年的投资者保护数据，并根据现有数据估计 2010—2012 年的数据；同时，选取市场化指数中的市场中介组织的发育和法律制度环境一级指数与二级指数中的知识产权保护作为投资者保护的代理变量，分别以 $PROC_1$ 和 $PROC_2$表示。当一级指数>样本中位数时，$PROC_1=1$，否则，$PROC_1=0$；当二级指数>样本中位数时，$PROC_2=1$，否则，$PROC_2=0$。

投资者保护区域差异。《中国市场化指数——各地区市场化相对进程 2011 年报告》（樊纲等，2011）根据市场化进程将中国划分为东部、东北部、中部和西部四个区域①。东部地区投资者保护指数明显高于其他地区，其他地区相应指标值比较接近。因此，本书将东部地区与其他地区进行比较，并设置区域虚拟变量 Area，当样本公司注册所属地为东部地区时，Area 为 1，否则，Area 为 0。

与前述研究相同，本书控制了债务契约（LEV）、行业（IND）和年度（Year）对会计稳健性的影响。

2）数据来源和样本选取

检验所用投资者保护数据选自樊纲等编制的《中国市场化指数——各地区市场化相对进程 2011 年报告》。该报告数据在国内投资者保护研究中得到广泛采用。但是，当前该报告提供的市场化数据最新截止到 2009 年。本研究根据现有数据估计 2010—2012 年的投资者保护

117

---

① 根据《中国市场化指数——各地区市场化相对进程 2011 年报告》（樊纲等，2011），东部地区包括北京、天津、河北、上海、江苏、浙江、福建、山东、广东和海南；中部地区包括山西、安徽、江西、河南、湖北和湖南；西部地区包括内蒙古、广西、重庆、四川、贵州、云南、西藏、陕西、甘肃、青海、宁夏和新疆；东北地区包括辽宁、吉林和黑龙江。

数据，以公司 2007 年至 2009 年 3 年投资者保护的平均值作为该公司 2010—2012 年的投资者保护指标。研究所用其他上市公司数据信息来自国泰安数据库（CSMAR）。样本选取遵循以下原则：第一，剔除金融类上市公司；第二，剔除了含 B 股或 H 股的上市公司，因为境内外双重监管环境可能使这些公司与其他公司不同；第三，剔除了数据不全的公司。为此，作者选取了 2004—2012 年深沪两市 11 378 个混合横截面数据，运用 SPSS.18 进行多元回归分析，实证检验中国投资者保护与会计稳健性的关系，以及这一关系是否以及如何受投资者保护时期和区域差异的影响。

3）实证模型设计

国内研究发现，包括会计法规制度在内的投资者保护对会计稳健性产生了积极影响。随着中国会计制度改革的深化，加强贯彻稳健会计政策的《企业会计制度》的实施提高了会计稳健性（陈旭东和黄登仕，2000；曲晓辉和邱月华，2007）。例如，曲晓辉和邱月华（2007）研究指出，如果缺乏配套的法律及有效的执行机制，单纯依靠会计准则不能改善会计信息质量。董红星（2011）对 1994—2009 年期间不同阶段的会计稳健性进行了研究，发现这一期间会计稳健性呈增长趋势，并将这一结果归因于投资者保护加强所致。但是，这些研究并未实证检验投资保护与会计稳健性之间的关系。仅有陈胜蓝和魏明海（2006）对中国 2001—2004 年不同地区 A 股上市公司会计稳健性与投资者保护进行了实证研究，发现投资者保护较弱地区的会计更稳健，并认为会计稳健性是弱投资者保护的替代机制，能够提高投资者保护较弱地区的会计信息质量，从而补偿弱投资者保护带来的负面效应。为了与陈胜蓝和魏明海（2006）研究结果进行比较，我们选用了与他们研究相同的 Basu 模型对投资者保护与会计稳健性的关系进行检验，同时检验投资者保护的时期差异和区域差异对会计稳健性的影响，并采用不同的投资者保护代理变量和不同时期的数据进行敏感性分析。

为了与陈胜蓝和魏明海（2006）研究结果进行比较，我们采用与陈胜蓝和魏明海（2006）相同的 Basu 模型对投资者保护与会计稳健性的关系进行检验。根据 Basu 基本模型（见模型 2-1），构建模型（5-1）：

$$EPS_{it}/P_{it-1} = \alpha_0 + \alpha_1 D_{it} + \alpha_2 RET_{it} + \alpha_3 D_{it} \times RET_{it} + \alpha_4 PROC_{it} +$$
$$\alpha_5 PROC_{it} \times D_{it} + \alpha_6 PROC_{it} \times RET_{it} + \alpha_7 PROC_{it} \times D_{it} \times RET_{it} + \quad (5-1)$$
$$LEV_{it} \times (\gamma_0 + \gamma_1 RET_{it} + \gamma_2 D_{it} + \gamma_3 RET_{it} \times D_{it}) + \varepsilon_{it}$$

其中：$PROC_{it}$ 是 i 公司第 t 期投资者保护代理变量，包括投资者保护一级指数 $PROC_1$ 和二级指数 $PROC_2$；LEV 为控制变量，是长期负债与负债总额之比。根据模型特征，α_6 度量在好消息情况下投资者保护对会计稳健性的影响，α_7 反映投资者保护在坏消息情况下对会计稳健性的增量影响，是度量投资者保护对会计稳健性影响的关键系数。若 α_7 显著大于 0，表明投资者保护促进了会计稳健性的提高。α_i（$i=1$，2，…，7），γ_j（j=0，1，2，3）为回归系数；α_0 和 ε_{it} 分别表示截距和随机误差项。其他变量同模型（2-1）。

同理，为了实证检验区域差异对投资者保护与会计稳健性关系的影响，将区域变量与投资者保护的相互作用（Area×PROC）带入 Basu 基本模型（见模型 2-1），得到扩展模型（5-2）：

$$EPS_{it}/P_{it-1} = \alpha_0 + \alpha_1 D_{it} + \alpha_2 RET_{it} + \alpha_3 D_{it} \times RET_{it} + \alpha_4 PROC_{it} +$$
$$\alpha_5 Area_{it} + \alpha_6 Area_{it} \times PROC_{it} + \alpha_7 Area_{it} \times PROC_{it} \times D_{it} +$$
$$\alpha_8 Area_{it} \times PROC_{it} \times RET_{it} + \alpha_9 Area_{it} \times PROC_{it} \times D_{it} \times RET_{it} + \quad (5-2)$$
$$LEV_{it} \times (\gamma_0 + \gamma_1 RET_{it} + \gamma_2 D_{it} + \gamma_3 RET_{it} \times D_{it}) + \varepsilon_{it}$$

其中：Area 为区域控制变量。根据模型特征，α_9 是反映这一影响的关键系数，当 α_9 显著大于 0 时，表明投资者保护区域差异对投资者保护与会计稳健性关系有显著影响，东部地区较好的投资者保护提高了该地区会计稳健性水平。α_i（$i=1$，2，…，9），γ_j（j=0，1，2，3）为回归系数；其他变量含义与模型（2-1）和模型（5-1）相同。

为提高检验结论的可靠性，在模型（5-1）和模型（5-2）中除了使用投资者保护一级指数 $PROC_1$ 作为投资者保护的代理变量进行检验外，同时运用投资者保护二级指数 $PROC_2$ 进行检验。主要变量见变量定义表5-1，其他变量见变量定义表5-1。

表5-1   **主要变量定义表**

变量名称	变量符号	变量定义
投资者保护（PROC）	$PROC_1$	当一级指数大于中位数时，$PROC_1=1$，否则，$PROC_1=0$。一级指数来自《中国市场化指数——各地区市场化相对进程2011年报告》（樊纲等，2011）提供的市场中介组织的发育和法律制度环境一级指数
	$PROC_2$	当二级指数大于中位数时，$PROC_2=1$，否则，$PROC_2=0$。其中，二级指数来自《中国市场化指数——各地区市场化相对进程2011年报告》（樊纲等，2011）提供的市场中介组织的发育和法律制度环境二级指数中的知识产权保护指数
区域虚拟变量	Area	当样本公司注册地为东部地区时，Area=1，否则，Area=0

5.2.2 实证分析

1）描述性统计结果与分析

表5-2的数据显示，每股盈余EPS/P的均值（中位数）为0.010（0.020）。RET的均值（中位数）为0.282（-0.005），受中国资本市场异常波动的影响，RET的波动较大。$PROC_1$和$PROC_2$的均值分别是0.499和0.491。从投资者保护的区域差异来看，Area的均值为0.376，表明有37.6%的样本公司分布在经济和市场化进度较好的东部地区。

表5-2   **描述性统计结果**

变量	N	均值	1/4位数	中位数	3/4位数	极小值	极大值	标准差
EPS/P	11 378	0.010	0.006	0.020	0.038	-4.494	0.926	0.116
RET	11 378	0.282	-0.237	-0.005	0.388	-0.678	5.722	0.914
D	11 378	0.505	0.000	1.000	1.000	0.000	1.000	0.500
$PROC_1$	11 378	0.499	0.000	0.000	1.000	0.000	1.000	0.500
$PROC_2$	11 378	0.491	0.000	1.000	1.000	0.000	1.000	0.500
Area	11 378	0.376	0.000	1.000	1.000	0.000	1.000	0.484
LEV	11 378	0.172	0.020	0.102	0.271	0.0000	0.948	0.191

2）回归统计结果与分析

（1）投资者保护对会计稳健性的影响（见表5-3）。

表5-3　　　　**投资者保护对会计稳健性的影响（2004—2012年）**

变量符号	模型（2-1）		模型（5-1）			
			投资者保护一级指数（$PROC_1$）		投资者保护二级指数（$PROC_2$）	
	I		II		III	
	系数	t	系数	t	系数	t
Intercept	0.040^{***}	6.557	0.033^{***}	5.034	0.034^{***}	5.202
RET	0.012	0.566	0.017	0.760	0.017	0.727
D	-0.056^{***}	-2.652	-0.059^{**}	-2.271	-0.061^{***}	-2.366
D×RET	0.189^{***}	8.897	0.201^{***}	8.060	0.199^{***}	8.083
$PROC_1$			0.037^{**}	2.147		
$PROC_1$×D			0.003	0.106		
$PROC_1$×RET			-0.007	-0.460		
$PROC_1$×D×RET			-0.024	-1.140		
$PROC_2$					0.033^{**}	1.903
$PROC_2$×D					0.006	0.242
$PROC_2$×RET					-0.006	-0.371
$PROC_2$×D×RET					-0.021	-0.991
LEV	-0.021	-1.199	-0.017	-0.996	-0.018	-1.027
LEV×D	0.014	0.551	0.012	0.481	0.012	0.492
LEV×RET	-0.007	-0.492	-0.008	-0.515	-0.008	-0.512
LEV×D×RET	0.009	0.408	0.008	0.368	0.008	0.374
IND	控制		控制		控制	
YEAR	控制		控制		控制	
Adj.R^2	0.052		0.054		0.054	
F	24.639^{***}		22.430^{***}		22.387^{***}	
N	11 378		11 378		11 378	

注：***、**和*分别表示在1%、5%和10%的水平显著。

121

表5-3的数据显示，模型中F统计量都在1%的水平上显著，说明模型整体拟合效果较好。调整后的R^2值表明检验变量能在一定程度上解释会计稳健性。

表5-3第I列数据根据模型（2-1）检验全体样本公司的会计稳健性状况。其中，D×RET的系数（0.189）为正，且在1%的显著性水平上显著，统计结果表明会计盈余及时反映了坏消息，样本公司会计总体稳健。

表5-3第II列和第III列数据根据模型（5-1）分别检验投资者保护（即$PROC_1$和$PROC_2$）对会计稳健性的影响。其中，$PROC_1$×D×RET和$PROC_2$×D×RET是反映这一影响的关键系数，$PROC_1$×D×RET的系数（-0.024）和$PROC_2$×D×RET的系数（-0.021）都为负，但是，都未通过显著性检验。陈胜蓝和魏明海（2006）使用来自我国内地31个地区911家A股上市公司2001—2004年的数据为样本进行考察，发现投资者保护较弱地区的上市公司更愿意提供较高质量的会计信息，以补偿弱投资者保护带来的负面效应。表5-2、表5-3的统计结果一方面说明，没有充分的证据表明会计稳健性是中国弱投资者保护的替代机制，另一方面也说明在当前公司内部和外部治理机制都较弱的情况下，投资者保护对公司提高会计稳健性的激励不足。

为了避免统计结果受2010—2012年投资者保护估计数据的影响，我们运用2004—2009年的数据再次进行检验，见表5-4。

表5-4的数据显示，模型的F统计量都在1%的显著性水平上显著，说明模型整体拟合效果较好。调整后的R^2值表明检验变量能在一定程度上解释会计稳健性。

表5-4中的第I列数据根据模型（2-1）检验样本公司会计总体稳健性状况。其中，D×RET的系数值（0.208）显著为正，表明样本公司会计总体稳健。

表5-4中的第II列和第III列数据根据模型（5-1）检验投资者保护（即$PROC_1$和$PROC_2$）对会计稳健性的影响。其中，$PROC_1$×D×RET的系数（-0.041）和$PROC_2$×D×RET的系数（-0.032）都为负，但是，都未通过显著性检验。统计结果与表5-3基本一致，表明投资者保护对会计稳健性的促进作用尚未得到充分发挥。

表 5-4　**投资者保护对会计稳健性影响的回归结果（2004—2009 年）**

变量符号	模型（2-1）		模型（5-1）			
			投资者保护一级指数（PROC₁）		投资者保护二级指数（PROC₂）	
	I		II		III	
	系数	t	系数	t	系数	t
Intercept	0.034^{***}	4.579	0.080^{***}	8.493	0.082^{***}	8.675
RET	0.015	0.654	0.037	1.481	0.035	1.432
D	−0.026	−1.029	$−0.066^{**}$	−2.056	$−0.073^{**}$	−2.284
D×RET	0.208^{***}	7.827	0.228^{***}	7.467	0.222^{***}	7.334
PROC₁			0.042^{**}	2.079		
PROC₁×D			−0.013	−0.418		
PROC₁×RET			−0.017	−0.945		
PROC₁×D×RET			−0.041	−1.602		
PROC₂					0.036^{***}	1.818
PROC₂×D					−0.002	−0.059
PROC₂×RET					−0.015	−0.837
PROC₂×D×RET					−0.032	−0.946
LEV	−0.029	−1.444	−0.017	−0.832	−0.018	−0.884
LEV×D	0.016	0.533	0.023	0.783	0.025	0.837
LEV×RET	−0.010	−0.563	−0.016	−0.866	−0.016	−0.847
LEV×D×RET	0.036	1.385	0.051^{**}	1.961	0.052^{**}	2.001
IND	控制		控制		控制	
YEAR	控制		控制		控制	
Adj.R²	0.056		0.063		0.062	
F	21.374^{***}		19.872^{***}		19.749^{***}	
N	7 610		7 610		7 610	

注：***、**和*分别表示在1%、5%和10%的水平显著。

（2）投资者保护的时期差异对会计稳健性的影响。

近年来，中国投资者保护措施得到加强，尤其是 2006 年以后，政府加强对投资者保护的会计监督和证券监管，投资者保护环境得到较大改善。投资者保护的时期差异是否影响会计稳健性？本书将总体样本分为 2004—2006 年、2007—2009 年和 2010—2012 年 3 个不同期间的子样本，用投资者保护一级指数和二级指数分别检验投资者保护时期差异对会计稳健性的影响。回归结果见表 5-5。

表 5-5 投资者保护对会计稳健性影响的时期差异

变量	模型（2-1）					
	投资者保护一级指数（PROC$_1$）			投资者保护二级指数（PROC$_2$）		
	I			II		
	2004—2006 年	2007—2009 年	2010—2012 年	2004—2006 年	2007—2009 年	2010—2012 年
Intercept	0.003 (0.164)	0.018*** (5.058)	0.019*** (3.786)	0.008 (0.572)	0.019*** (5.363)	0.021*** (4.185)
RET	0.001 (0.018)	0.287*** (5.600)	0.065 (1.379)	0.015 (0.484)	0.293*** (5.905)	0.062 (1.345)
D	−0.203*** (−4.153)	−0.138*** (−2.932)	0.027 (0.614)	−0.073* (−1.785)	−0.140*** (−2.977)	0.019 (0.446)
D×RET	0.237*** (5.013)	−0.313*** (−5.826)	0.193*** (4.140)	0.301*** (7.826)	−0.305*** (−5.626)	0.192*** (4.219)
PROC$_1$	0.049 (1.596)	0.115*** (3.579)	0.092*** (2.713)			
PROC$_1$×D	0.027 (0.581)	0.011 (0.220)	−0.054 (−1.090)			
PROC$_1$×RET	−0.023 (−0.771)	−0.018 (−0.468)	−0.011 (−0.300)			
PROC$_1$×D×RET	0.014 (0.355)	0.089** (2.055)	−0.012 (−0.266)			
PROC$_2$				0.055** (1.961)	0.104*** (3.252)	0.072** (2.141)
PROC$_2$×D				0.023 (0.545)	0.014 (0.286)	−0.039 (−0.809)
PROC$_2$×RET				−0.031 (−1.186)	−0.026 (−0.704)	−0.007 (−0.204)
PROC$_2$×D×RET				0.003 (0.091)	0.074* (1.709)	−0.007 (−0.175)
LEV	−0.013* (−0.390)	−0.142*** (−2.733)	−0.014 (−0.423)	−0.363* (−1.677)	−0.142*** (−2.735)	−0.014 (−0.421)
LEV×D	−0.027 (−0.390)	0.316*** (5.391)	0.072 (1.518)	−0.261*** (−6.529)	0.316*** (5.396)	0.072 (1.506)
LEV×RET	−0.022 (−0.587)	−0.259*** (−6.439)	0.044 (1.209)	0.241 (1.113)	−0.258*** (−6.43)	0.044 (1.204)
LEV×D×RET	0.017 (0.432)	−0.456 (0.729)	0.013 (0.307)	−0.013 (0.307)	−0.059 (−1.148)	0.013 (0.309)
IND YEAR	控制 控制	控制 控制	控制 控制	控制 控制	控制 控制	控制 控制
Adj.R^2 F N	0.083 14.937*** 3 825	0.086 16.410*** 3 754	0.067 12.287*** 3 799	0.137 27.336*** 3 825	0.085 16.162*** 3 754	0.065 12.018*** 3 799

注：***、**和*分别表示在1%、5%和10%的水平显著。

表 5-5 的数据显示，模型的 F 统计量都在 1% 的水平显著，模型整体拟合效果较好；调整后的 R^2 值表明变量能在一定程度上解释会计稳健性。

表 5-5 中第 I 列数据是运用投资者保护一级指数（$PROC_1$）检验不同期间投资者保护对会计稳健性的影响。其中，2004—2006 年期间，$PROC_1 \times D \times RET$ 的系数（0.014），但是，未通过显著性检验，统计结果表明投资者保护在一定程度上提高了会计稳健性。2007—2009 年期间，$PROC_1 \times D \times RET$ 的系数（0.089）为正，在 5% 的显著性水平上显著，统计结果表明，这一期间投资者保护水平的提高显著提高了公司会计稳健性。2010—2012 年期间，$PROC_1 \times D \times RET$ 的系数（-0.012）为负，未通过显著性检验，这一结果可能受 2010—2012 年投资者保护指数估计值的影响。

为了提高检验结果的可靠性，我们运用投资者保护二级指数（$PROC_2$）考察不同期间投资者保护对会计稳健性的影响，统计结果见表 5-5 中的第 II 列数据。与投资者保护一级指数的运行结果相同，$PROC_2 \times D \times RET$ 的系数在 2004—2006 年和 2007—2009 年两个期间都为正，但是，只有后者通过了显著性检验；2010—2012 年 $PROC_2 \times D \times RET$ 的系数（-0.007）为负，未通过显著性检验。投资者保护二级指数（$PROC_2$）的统计结果也表明，2007—2009 年投资者保护措施的加强提高了会计稳健性。投资者保护一级指数（$PROC_1$）和二级指数（$PROC_2$）统计数据显示，中国上市公司会计稳健性受投资者保护时期差异的影响，2007—2009 年投资者保护措施的改善显著提高了该期间的会计稳健性。

（3）投资者保护区域差异对会计稳健性的影响。

表 5-5 的统计结果表明，2007—2009 年投资者保护措施的改善显著提高了会计稳健性。投资者保护与会计稳健性之间显著的正相关关系是否受投资者保护区域差异的影响？我们运用 2007—2009 年数据对此进行检验。统计结果见表 5-6。

表 5-6 检验投资者保护区域差异对会计稳健性的影响。其中，模型的 F 统计量都在 1% 的水平上显著，模型整体拟合效果较好。调整后的 R^2 值表明，检验变量在一定程度上能解释会计稳健性。

表 5-6 　　　　　　　　投资者保护区域差异对会计稳健性的影响

变量	模型（5-2）			
	投资者保护一级指数（$PROC_1$）		投资者保护二级指数（$PROC_2$）	
	系数	t值	系数	t值
Intercept	0.019***	5.545	0.020***	5.887
RET	0.291***	6.162	0.293***	6.135
D	−0.142***	−3.231	−0.141***	−3.175
D×RET	−0.312***	−5.972	−0.303***	−5.718
$PROC_1$	0.095***	3.007		
Area	−0.056	−1.554		
Area×$PROC_1$	0.066	1.210		
Area×$PROC_1$×D	0.014	0.289		
Area×$PROC_1$×RET	−0.028	−0.835		
Area×$PROC_1$×D×RET	0.087**	2.069		
$PROC_2$			0.070**	2.112
Area			−0.101***	−2.596
Area×$PROC_2$			0.122**	2.108
Area×$PROC_2$×D			0.015	0.320
Area×$PROC_2$×RET			−0.026	−0.759
Area×$PROC_2$×D×RET			0.069*	1.644
LEV	−0.141***	−2.720	−0.140***	−2.698
LEV×D	0.317***	5.411	0.315***	5.384
LEV×RET	−0.260***	−6.465	−0.260***	−6.472
LEV×D×RET	0.461***	9.811	0.460***	9.796
IND	控制		控制	
YEAR	控制		控制	
Adj.R^2	0.086		0.086	
F	15.155***		15.127***	
N	3 754		3 754	

注：***、**和*分别表示在1%、5%和10%的水平显著。

在投资者保护一级指数（$PROC_1$）的回归结果中，Area×$PROC_1$×D×RET的系数是反映投资者保护区域差异对会计稳健性影响的关键系数。该系数值为0.087，在5%的显著性水平上显著，表明投资者保护与会计稳健性的关系受投资者保护区域差异的显著影响，与其他地区相比较，东部地区相对较高的投资者保护水平促进了该地区会计稳健性水平的提高，与我们提出的假设（H11）相吻合。Area×PROC$_1$×RET 的系数为 -0.028，没有通过显著性检验，表明没有充分的证据证明投资者保护使得会计盈余延迟确认了好消息。统计数据显示，投资者保护对会计稳健性影响的区域差异主要通过及时确认损失实现。

在投资者保护二级指数（PROC$_2$）的检验结果中，Area×PROC$_2$×D× RET 的系数值（0.069）显著为正，也表明投资者保护较好的东部地区会计更稳健，与 PROC$_1$ 的回归结果一致。投资者保护区域差异对会计稳健性的影响从另一个层面反映出投资者保护对会计稳健性的促进作用。同时，也说明应当提高中国东部地区以外其他地区的投资者保护水平，缩小投资者保护区域差异对会计稳健性的影响。

5.3　　本章小结

本章理论分析和实证检验了投资者保护对终极控制股东的影响。研究发现，投资者保护与会计稳健性之间的关系受投资者保护时期和区域差异的影响。东部地区投资者保护提高了该地区会计稳健性。研究认为，中国的投资者保护在一定程度上提高了会计稳健性，但是，中国投资者保护水平总体较低，投资者保护对会计稳健性的促进作用尚未得到充分发挥。因此，进一步改善中国投资者保护措施是提高会计稳健性、降低信息不对称的重要手段。

第 6 章

投资者保护对终极控制股东与会计稳健性关系的影响研究

6.1 —— **投资者保护对终极控制股东与会计稳健性关系** ——
影响的理论分析与研究假设

现有研究发现，投资者保护影响会计稳健性和股权结构（如 La Porta et al.，1998；Shleifer 和 Wolfenzon，2002；Wald 和 Long，2007 等）。Villalonga 和 Amit（2006），Bona-Sánchez et al.（2011）等研究指出，股权结构影响会计稳健性。LaFond（2005）指出，在所有的法律制度中，内部人持股比例越高的国家，盈余稳健性越低，投资者保护可能影响控制股东与会计稳健性之间的关系。上述研究对不同法源下股权集中度与会计稳健性之间关系的影响进行了国别比较，未考察特定国家终极控制股东与会计稳健性之间的关系如何受投资者保护的影响。不同国家具有不同的制度背景，投资者保护和股权集中度也不同。这些差异可能对会计信息质量产生不同的影响。在中国特殊的制度背景下，研究投资者保护对终极控制股东与会计稳健性关系的影响至关重要。这使得我们能够观察终极控制股东与会计稳健性之间的关系如何随着投资者保护的变化而变化。

终极控制股东与外部投资者之间的信息不对称问题能否通过财务报告来解决，依赖于外部投资者的权利是否会通过制度性安排得到解决。内部人为了自身利益将资源占为己有的行为受保护外部投资者权利的法律体制的限制。如果外部投资者发现内部人的这种私有利益，外部投资者只能采取惩戒措施应对内部人，那么内部人为了隐藏其掠夺行为，他们有动机操纵会计信息。同时，终极控制股东与管理者之间的信息共享程度受投资者保护的约束，终极控制股东与管理者私下信息沟通形式受投资者保护的影响而更多地被公开披露所代替，减少终极控制股东为了隐藏其财富转移行为而操纵会计信息的可能性，从而减缓信息不对称问题。外部投资者利益的保护，要么通过密切监督要么通过投资者保护条约来解决，信息不对称问题可以通过及时确认损失来解决。因此，理论而言，终极控制股东对会计稳健性的作用将受投资者保护的影响。

金字塔股权结构是国内外终极控制股东普遍偏好的股权安排形式。金字塔股权安排对终极控制股东机会主义行为有较强的隐秘性。邓淑芳等（2007）研究发现，出于融资的需求与隐匿身份或交易的动机，自然人对上市公司的控制会更多地选择构建复杂的金字塔结构，这会增大其侵害小股东利益的动机和能力。La Porta et al.（1999）也指出，在世界大多数大企业中，主要的代理问题是控股股东侵害中小股东，而这种侵害行为往往发生在金字塔控股方式下。由于最终控制人的控制权和现金流量权能实现分离，最终控制人对其控制的公司进行利益侵占导致的实际损失小于表面上的损失，从而获得巨大的控制权私有收益。当法律还不足以对小股东进行有效保护时，这种行为产生的代理成本将会更加严重。罗琦和王寅（2010）以中国2001—2005年沪深两市上市公司为样本研究发现，较好的投资者保护能够抑制控制股东的资产转移动机，从而促使外部投资者对公司持有现金予以较高的价值评估。中国上市公司控股股东较高的现金流量权对应着较高的控制权，其结果是加剧公司投资不足，导致公司现金水平较高而现金价值较低。Bianchi et al.（2001）认为金字塔结构是一种便于实际控制人向市场和政府监管当局隐藏真实身份的一种良好手段。如果法律对终极控制股东机会主义行为缺乏有效的抑制，终极控制股东可能偏好采取通过金字股权结构分离控制权与现金流量权以实现控制目的。俞红海（2012）从现金持有角度揭示出终极控制股东侵占行为，同时发现投资者保护对现金持有的市场价值产生正向影响。王力军（2006）以我国民营上市公司为样本，考察了金字塔控制、关联交易与公司价值的关系，发现民营上市公司的金字塔控制不利于公司价值的增加；民营上市公司最终控制人主要通过关联方担保、关联方资金占用和上市公司与关联方的商品购销活动来侵占小股东的利益。王力军（2008）对2002—2004年民营金字塔控制公司的进一步研究发现，法律对投资者的保护在一定程度上抑制了最终控制人掠夺动机，起到一定的公司治理作用。上述研究表明，完善的法律制度能有效抑制终极控制股东机会主义行为。但是，如果法律对终极控制股东机会主义行为缺乏有效的抑制，终极控制股东可能偏好采取通过金字塔股权结构分离控制权与现金流量权以实现控制目的。

在会计信息方面，刘启亮等（2007）通过格林柯尔案例的分析，发现为隐藏获取的控制权私利，强势的控股股东会利用金字塔结构的复杂性，以及对公司剩余的控制权等有利条件，通过盈余管理等手段操纵会计信息，降低财务信息透明度。Leuz et al.（2003）指出，完善和有效实施的外部人权利能限制内部人私有控制利益的获取，因此，降低了内部人操控会计盈余的动机。Ball 和 Shivakumar（2005）强调，具有机会主义行为的内部人不仅会避开在当前收益中充分确认坏消息，而且会试图在其任期期间延迟确认。这种行为的程度受投资者保护等制度性安排的影响。上述研究表明，终极控制股东行为影响会计信息质量和透明度，影响的程度受投资者保护效力的制约。当法律制度缺乏对终极控制股东通过金字塔股权结构隐匿身份或交易动机的行为进行有效约束时，终极控制股东更可能采取金字塔这种隐秘的股权安排形式实现控制权私利。为了掩盖控制权私利信息，粉饰财务报告，终极控制股东可能及时确认收益，延迟确认损失，从而降低会计稳健性。当投资者保护能够对终极控制股东行为进行有效制约时，投资者保护水平的提高可能削弱终极控制股东操纵会计信息的动机和能力。近年来，我国投资者保护措施不断完善，但是，投资者保护水平总体较低。同时，我国上市公司普遍存在金字塔股权结构，由于在金字塔股权结构中，终极控制人的控制权与现金流量权往往是不一致的，这两种权利的不一致可能导致终极控制人利用手中的控制权以实现控制权私利。我国证券监管部门加强了对终极控制股东披露的管理。例如，中国证监会于2004年颁布的《公开发行证券的公司信息披露内容与格式准则第2号〈年度报告的内容与格式〉（2004年修订）》指出，上市公司应该在其年报中披露公司与实际控制人之间的产权及控制关系的方框图，并要求详细介绍实际控制人情况。这一规定反映出我国职能部门对终极控制股东监管的重视，但是，对实际控制人监管内容非常有限，仅限于要求其年报中披露公司与实际控制人之间的产权及控制关系和实际控制人详情。根据我国投资者保护状况和现有研究经验，投资者保护可能对终极控制股东与会计稳健性之间的关系产生影响。由于我国投资者保护水平总体较低，对终极控制股东的隐匿行为约束有限。在此特殊情况下，当投资者保护水平提高时，终极控制股东可能偏好使用金字塔股权结构并操纵会计信息以实现控制目的。投资者保护水平能抑制终极控制股东机会主义行为不仅取决于投资者保护水平，而且受投资者保护对投资者机会主义行为规范措施效率的影响。因此，我们提出如下假设：

H12：终极控制股东与会计稳健性之间的关系可能受投资者保护的影响，法律对终极控制股东机会主义行为缺乏有效抑制时，投资者保护措施的改善不能有效削弱终极控制股东与会计稳健性之间的负相关关系。

6.2 —— 投资者保护对终极控制股东与会计稳健性关系 —— 影响的实证研究

6.2.1 研究设计

1）研究变量

被解释变量，会计稳健性。我们采用ACC模型度量会计稳健性。

解释变量包括金字塔层级（PL）、现金流量权（CFR）、两权偏离度（TRS）、终极控制股东派出董事（UDR）。解释变量的定义与前述研究相同。

同时，与前述研究相同，我们控制了债务契约（LEV）、行业（IND）和年度（Year）的影响。

2）数据来源和样本选取

参照前述研究，我们选取2004—2012年沪深两市A股上市公司为研究样本，剔除金融类上市公司和数据缺失公司，最终获得的5 388个混合横截面数据，实证检验投资者保护对终极控制股东与会计稳健性关系的影响。本书检验所用投资者保护数据来源及确认与 5.2.1 相同。其他数据取自深圳国泰安信息技术公司开发的数据库（CSMAR）。

3）实证模型设计

为了实证分析投资者保护对终极控制股东与会计稳健性关系的影响，我们在 ACC 基本模型（2-8）的基础上加入投资者保护与终极控制股东的相互作用进行检验，构建模型（6-1）：

$$ACC_{it} = \beta_0 + \beta_1 DCFO_{it} + \beta_2 PROC_{it} + \beta_3 PL_{it} + \beta_4 PROC_{it} \times PL_{it} + CFO_{it} \times (\beta_5 + \beta_6 PROC_{it}$$
$$+ \beta_7 PL_{it} + \beta_8 PROC_{it} \times PL_{it}) + DCFO_{it} \times CFO_{it} \times (\beta_9 + \beta_{10} PROC_{it} + \beta_{11} PL_{it} + \beta_{12} PROC_{it}$$
$$\times PL_{it}) + LEV_{it} \times (\eta_0 + \eta_1 CFO_{it} + \eta_2 DCFO_{it} + \eta_3 CFO_{it} \times DCFO_{it}) + IND + YEAR + \varepsilon_{it}$$

$$(6-1)$$

模型（6-1）检验投资者保护对金字塔层级与会计稳健性关系的影响。其中，$PROC_{it}$ 为投资者保护，包括一级保护指数（$PROC_1$）和二级保护指数（$PROC_2$）。PL 为金字塔层级。β_i（i=1，2，$\cdots$，12），η_j（j= 0，1，2，3）为回归系数，β_7 和（$\beta_8 + \beta_{12}$）分别度量在收益和损失下投资者保护对金字塔层级与会计稳健性的关系的影响，β_{12} 是反映这一影响的关键系数，若 $\beta_{12} > 0$，表明投资者保护降低了金字塔层级与会计稳健性之间的负相关关系。β_0 和 ε_{it} 分别表示截距和随机误差项。变量见变量定义表 4-1 和表 4-7。

同理，我们分别将终极控制股东现金流量权（CFR）、两权偏离度（TRS），以及终极控制股东派出董事（UDR）与投资者保护的相互作用代替 PROC×PL，代入模型（6-1），从现金流量权（CFR）、两权偏离度（TRS），以及终极控制股东派出董事（UDR）视角检验投资者保护对终极控制股东与会计稳健性关系的影响，以此考察投资者保护对终极控制股东行为的作用，以及这一作用如何影响会计稳健性。这一研究有助于观察终极控制股东与会计稳健性的关系如何随投资者保护的变化而变化。

6.2.2 实证分析

我们首先结合会计稳健性计量模型（ACC 模型）的特征，将投资者保护（以 PROC 表示）与金字塔层级（以 PL 表示）的相互作用（PROC×PL）代入 ACC 基本模型进行检验。如果投资者保护能有效抑制终极控制股东机会主义行为，终极控制股东隐匿身份和交易活动的动机和能力受到制约，随着投资者保护水平的提高，金字塔层级与会计稳健性之间的负相关关系将被削弱。因为终极控制股东机会主义行为的程度受投资者保护等制度性安排的影响（Ball和Shivakumar，2005）。又由于最终控制人的控制权和现金流量权能实现分离，最终控制人对其控制的公司进行利益侵占导致的实际损失小于表面上的损失，从而获得巨大的控制权私有收益。当法律还不足以对小股东进行有效保护时，这种行为产生的代理成本将会更加严重（La Porta et al.，1999）。如果法律对终极控制股东机会主义行为缺乏有效的抑制，终极控制股东可能偏好采取通过金字塔股权结构分离控制权与现金流量权以实现控制目的（Bianchi et al.，2001）。投资者保护对金字塔层级与会计稳健性关系的影响的具体检验结果见表6-1。

表6-1　　**投资者保护对金字塔层级与会计稳健性关系的影响**

变量	模型（6-1）					
	I		II		III	
	系数	T值	系数	T值	系数	T值
Intercept	0.014***	2.464	0.014***	2.479	0.013**	2.409
CFO	−0.824***	−44.487	−0.891***	−44.553	−0.890***	−44.507
DCFO	−0.001	−0.129	−0.002	−0.157	−0.002	−0.134
DCFO×CFO	0.364***	11.735	0.205***	11.771	0.204***	11.732
PL	−0.003	−0.787	−0.020	−1.363	−0.014	−0.960
PL×CFO	−0.024	−1.170	0.001	0.040	−0.012	−0.611
PL×DCFO	−0.008	−1.471	−0.024	−1.258	−0.031*	−1.627
PL×CFO×DCFO	−0.118***	−3.425	−0.061***	−3.341	−0.052***	−2.853
PL×PROC₁			0.020	1.316		
PL×PROC₁×CFO			−0.031**	−2.062		
PL×PROC₁×DCFO			0.001	0.045		
PL×PROC₁×CFO×DCFO			0.019	1.181		
PL×PROC₂					0.008	0.572
PL×PROC₂×CFO					−0.012	−0.789
PL×PROC₂×DCFO					0.011	0.691
PL×PROC₂×CFO×DCFO					0.003	0.210
LEV	−0.008	−0.763	−0.010	−0.811	−0.009	−0.740
LEV×DCFO	−0.046***	−3.191	−0.045***	−3.148	−0.046***	−3.184
LEV×CFO	0.046	0.853	0.014	0.983	0.012	0.853
LEV×DCFO×CFO	−0.831***	−8.815	−0.131***	−8.870	−0.129***	−8.794
IND	控制		控制		控制	
YEAR	控制		控制		控制	
Adj. R²	0.773		0.773		0.773	
F	613.305***		541.667***		541.485***	
N	5 388		5 388		5 388	

注：***、**和*分别表示在1%、5%和10%的水平显著。

133

表6-1中模型的F统计量说明模型整体拟合效果较好，调整后的R^2值表明，变量能较好地解释会计稳健性。

表6-1中第Ⅰ列数据考察金字塔层级对会计稳健性的影响。其中，PL×CFO×DCFO的系数值为-0.118，在1%的显著性水平上显著。统计结果表明金字塔层级越多的公司会计稳健性越低。

表6-1中第Ⅱ列和第Ⅲ列数据分别根据投资者保护一级指数（$PROC_1$）和二级指数（$PROC_2$）检验投资者保护对金字塔层级与会计稳健性关系的影响。其中，PL×$PROC_1$×CFO×DCFO和PL×$PROC_2$×CFO×DCFO的系数值分别为0.019和0.003，但是，没有通过显著性检验。统计结果表明，投资者保护水平的提高在一定程度上降低了金字塔层级与会计稳健性之间的负相关关系，但是，这一作用在统计上不显著。同时，PL×$PROC_1$×CFO和PL×$PROC_2$×CFO的系数值分别为-0.031和-0.012，前者通过了显著性检验，表明随着投资者保护水平的提高，金字塔层级在一定程度上延迟了公司对好消息的确认。表6-1的回归结果显示，投资者保护对终极控制股东通过金字塔层级降低会计稳健性起到一定的作用，这一作用主要通过延迟确认好消息实现。但是，投资者保护对提高会计稳健性发挥的作用有限。

投资者保护对现金流量权与会计稳健性关系的影响结果见表6-2。

在表6-2中，模型的F统计量说明模型整体拟合效果较好，调整后的R^2值能较好地解释会计稳健性。

表6-2中第Ⅰ列数据考察终极控制股东现金流量权对会计稳健性的影响。其中，CFR×CFO×DCFO的系数值为-0.199，在1%的显著性水平上显著，表明终极控制股东现金流量权与会计稳健性负相关。

表6-2中第Ⅱ列数据通过投资者保护一级指数（$PROC_1$）检验投资者保护对终极控制股东现金流量权与会计稳健性关系的影响。其中，$PROC_1$×CFR×DCFO×CFO的系数是反映这一影响的关键系数，其值（0.012）为正，未通过显著性检验。

表6-2　　投资者保护对现金流量权与会计稳健性关系的影响

变量	模型（6-1）					
	I		II		III	
	系数	T值	系数	T值	系数	T值
Intercept	0.006	0.960	0.005	0.917	0.005	0.902
CFO	-0.839^{***}	-40.055	-0.904^{***}	-39.852	-0.906^{***}	-40.037
DCFO	0.006	1.014	0.019	1.057	0.019	1.068
DCFO×CFO	0.571^{***}	15.792	0.320^{***}	15.547	0.320^{***}	15.697
CFR	0.030^{***}	2.505	0.026^{**}	1.870	0.030^{***}	2.261
CFR×CFO	-0.003	-0.171	0.002	0.121	-0.003	-0.151
CFR×DCFO	-0.049^{***}	-2.660	-0.051^{***}	-2.345	-0.056^{***}	-2.693
CFR×CFO×DCFO	-0.199^{***}	-10.277	-0.204^{***}	-8.585	-0.196^{***}	-9.120
$PROC_1$×CFR			0.013	0.937		
$PROC_1$×CFR×CFO			-0.015	-1.024		
$PROC_1$×CFR×DCFO			0.000	-0.011		
$PROC_1$×CFR×DCFO×CFO			0.012	0.710		
$PROC_2$×CFR					0.001	0.085
$PROC_2$×CFR×CFO					-0.001	-0.078
$PROC_2$×CFR×DCFO					0.010	0.671
$PROC_2$×CFR×DCFO×CFO					-0.005	-0.332
LEV	-0.007	-0.662	-0.009	-0.720	-0.008	-0.667
LEV×DCFO	-0.035^{***}	-2.482	-0.035^{***}	-2.449	-0.036^{***}	-2.499
LEV×CFO	0.046	0.872	0.014	0.964	0.012	0.868
LEV×DCFO×CFO	-0.634^{***}	-6.746	-0.100^{***}	-6.768	-0.099^{***}	-6.738
IND	控制		控制		控制	
YEAR	控制		控制		控制	
Adj. R^2	0.749		0.782		0.782	
F	229.590^{***}		567.877^{***}		568.029^{***}	
N	5 388		5 388		5 388	

注：***、**和*分别表示在1%、5%和10%的水平显著。

表6-2中第Ⅲ列数据根据投资者保护二级指数（$PROC_2$）检验投资者保护对终极控制股东现金流量权与会计稳健性关系的影响，其中，$PROC_2×CFR×DCFO×CFO$ 的系数值（−0.005）为负，未通过显著性检验。表6-2的回归结果表明，我国投资者保护水平较低，投资者保护措施对抑制终极控制股东通过现金流量权施行的机会主义行为制约效力有限。

投资者保护对两权偏离度与会计稳健性关系的影响结果见表6-3。

表6-3　　**投资者保护对两权偏离度与会计稳健性关系的影响**

变量	模型（6-1）					
	I		II		III	
	系数	T值	系数	T值	系数	T值
Intercept	0.007	1.494	0.008	1.488	0.008	1.466
CFO	−0.812***	−40.316	−0.886***	−36.635	−0.885***	−36.632
DCFO	−0.0088**	−1.945	0.001	0.046	0.001	0.034
DCFO×CFO	0.201***	6.875	0.190***	10.049	0.187***	9.921
TRS	0.002***	2.677	0.030**	2.025	0.034**	2.333
TRS×CFO	−0.001	−1.097	−0.014	−0.655	−0.024	−1.110
TRS×DCFO	−0.002*	−1.736	−0.021	−1.155	−0.024	−1.324
TRS×CFO×DCFO	−0.068***	−2.992	−0.016	−0.892	−0.005	−0.280
$PROC_1$×TRS			0.005	0.362		
$PROC_1$×TRS×CFO			−0.012	−0.842		
$PROC_1$×TRS×DCFO			−0.007	−0.436		
$PROC_1$×TRS×DCFO× CFO			−0.031**	−2.083		
$PROC_2$×TRS					−0.005	−0.330
$PROC_2$×TRS×CFO					−0.001	−0.067
$PROC_2$×TRS×DCFO					0.005	0.344
$PROC_2$×TRS×DCFO× CFO					−0.049***	−3.402
LEV			−0.009	−0.769	−0.008	−0.676
LEV×DCFO			−0.044***	−3.004	−0.043***	−2.997
LEV×CFO			0.014	0.992	0.012	0.823
LEV×DCFO×CFO			−0.121***	−8.167	−0.118***	−7.939
IND	控制		控制		控制	
YEAR	控制		控制		控制	
Adj.R^2	0.749		0.774		0.774	
F	229.590***		543.153***		544.132***	
N	5 388		5 388		5 388	

注：***、**和*分别表示在1%、5%和10%的水平显著。

136

表6-3中模型的F统计量说明模型整体拟合效果较好，调整后的R^2值能较好地解释会计稳健性。

表6-3中第 I 列数据考察终极控制股东两权偏离度对会计稳健性的影响。其中，TRS×CFO×DCFO的系数值为−0.068，在1%的显著性水平上显著，表明终极控制股东两权偏离度越大，会计稳健性越低。

表6-3中第 II 列数据通过投资者保护一级指数（PROC₁）检验投资者保护对两权偏离度与会计稳健性关系的影响。其中，PROC₁×TRS×DCFO×CFO的系数是反映这一影响的关键系数，其值（−0.031）显著为负。

表6-3中第 III 列数据通过投资者保护二级指数（PROC₂）进行检验，PROC₂×TRS×DCFO×CFO的系数值（−0.049）也显著为负，与投资者保护一级指数的统计结果一致。出现这一现象的可能的解释是，终极控制股东通过两权偏离的掠夺行为较为隐蔽，现行投资者保护措施的法律规范存在缺陷和不足。当投资者保护水平提高时，终极控制股东使用隐蔽的掠夺方式逃避法律制裁。因此，出现投资者保护水平的提高不但没有降低终极控股股东两权偏离与会计稳健性的负相关关系，反而加剧两者之间的负向关系。研究支持了 La Porta et al.（1999）提出的，由于最终控制人的控制权和现金流量权能实现分离，最终控制人对其控制的公司进行利益侵占导致的实际损失小于表面上的损失，从而获得巨大的控制权私有收益。当法律还不足以对小股东进行有效保护时，这种行为产生的代理成本将会更加严重。

投资者保护对终极控制股东派出董事与会计稳健性关系的影响结果见表6-4。

表6-4中模型的F统计量说明模型整体拟合效果较好，调整后的R^2值能较好地解释会计稳健性。

表6-4中第 I 列数据考察终极控制股东派出董事对会计稳健性的影响。其中，UDR×DCFO×CFO的系数值为−0.240，在1%的显著性水平显著，表明终极控制股东派出董事席位越多，会计稳健性越低。

表6-4　投资者保护对终极控制股东派出董事与会计稳健性关系的影响

变量	模型（6-1）					
	I		II		III	
	系数	T值	系数	T值	系数	T值
Intercept	0.008	1.307	−0.001	−0.082	−0.001	−0.151
CFO	−0.821***	−44.369	−0.860***	−34.889	−0.860***	−34.888
DCFO	−0.007	−1.291	−0.010	−0.418	−0.009	−0.397
DCFO×CFO	0.361***	11.091	0.194***	8.451	0.193***	8.408
UDR	0.024***	2.626	0.034***	2.605	0.039***	2.954
UDR×DCFO	0.001	0.044	0.000	−0.011	−0.007	−0.293
UDR×CFO	−0.090**	−2.001	−0.044**	−1.785	−0.058***	−2.385
UDR×DCFO×CFO	−0.240***	−2.955	−0.012	−0.481	0.001	−0.009
$PROC_1$×UDR			0.011	0.817		
$PROC_1$×UDR×DCFO			−0.013	−0.831		
$PROC_1$×UDR×CFO			−0.010	−0.658		
$PROC_1$×UDR×CFO×DCFO			−0.028**	−1.708		
$PROC_2$×UDR					−0.001	−0.097
$PROC_2$×UDR×DCFO					−0.001	−0.064
$PROC_2$×UDR×CFO					0.013	0.832
$PROC_2$×UDR×CFO×DCFO					−0.047***	−2.877
LEV	−0.010	−1.033	−0.008	−0.686	−0.007	−0.597
LEV×DCFO	−0.042***	−2.934	−0.045***	−3.100	−0.045***	−3.136
LEV×CFO	0.070	1.318	0.012	0.832	0.010	0.700
LEV×DCFO×CFO	−0.796***	−8.465	−0.120***	−8.098	−0.118***	−7.970
IND	控制		控制		控制	
YEAR	控制		控制		控制	
Adj.R^2	0.778		0.774		0.775	
F	623.927***		544.955***		545.586	
N	5 388		5 388		5 388	

注：***、**和*分别表示在1%、5%和10%的水平显著。

表6-4中第Ⅱ列数据通过投资者保护一级指数（PROC₁）检验会计稳健性与终极控制股东之间的关系如何受投资者保护的影响，其中，$PROC_1 \times UDR \times CFO \times DCFO$ 的系数是反映这一影响的关键系数，其值（-0.028）为负，在5%的显著性水平显著，表明投资者保护水平的提高加剧了终极控制股东派出董事与会计稳健性之间的负相关关系。表6-4中第Ⅲ列数据通过投资者保护二级指数（PROC₂）进行检验，其中，$PROC_2 \times UDR \times CFO \times DCFO$ 的系数值（-0.047）也显著为负，与投资者保护一级指数（PROC₁）的统计结果相同。统计结果再次从终极控制股东派出董事角度表明，现行投资者保护措施对终极控制股东机会主义行为的约束力较低。

为了避免统计结果受2010—2012年投资者保护指标估计值的影响，本书进行了稳健性检验。我们选用2004—2009年的数据就投资者保护对终极控制股东与会计稳健性关系的影响再次进行回归统计，结果见表6-5。

表6-5中模型的F统计量说明模型整体拟合效果较好，调整后的 R^2 值能较好地解释会计稳健性。

表6-5的数据显示，$PROC_1 \times PL \times CFO \times DCFO$ 的系数值为0.024，显著性为19%，表明投资者保护在一定程度上降低了金字塔层级对会计稳健性的负面影响。$PROC_1 \times CFR \times DCFO \times CFO$ 的系数值为0.001，未通过显著性检验。$PROC_1 \times TRS \times DCFO \times CFO$ 的系数值-0.029，显著性为17%，$PROC_1 \times UDR \times CFO \times DCFO$ 的系数值为-0.037，在10%的显著性水平上显著。统计结果表明，投资者保护水平更高的公司，终极控制股东的两权偏离度及派出董事与会计稳健性之间的负相关关系没有得到缓解，反而存在加剧的趋势，统计结果与ACC模型基本一致。2004—2009年的统计数据从会计信息质量视角表明，中国现行投资者保护体系对终极控制股东的监管可能存在缺陷和不足，因此，随着投资者保护水平的提高，出现终极控制股东通过两权分离等股权安排和派出董事等非股权安排降低会计稳健性现象，研究认为，完善中国投资者保护对终极控制股东行为的监管措施是必要的。

表 6-5　　　　投资者保护对终极控制股东与会计稳健性
关系的影响（2004—2009 年）

变量	模型 (6-1)							
	PL		CFR		TRS		UDR	
	系数	T值	系数	T值	系数	T值	系数	T值
Intercept	0.009	1.343	−0.004	−0.591	0.000	−0.052	−0.011	−1.342
CFO	−0.925***	−39.132	−0.874***	−33.623	−0.946***	−30.497	−0.850***	−30.801
DCFO	−0.018	−0.896	−0.006	−0.269	−0.013	−0.518	−0.002	−0.077
DCFO×CFO	0.160***	7.436	0.224***	8.979	0.162***	6.341	0.169***	6.243
PL	−0.013	−0.702						
PL×CFO	0.006	0.238						
PL×DCFO	−0.035	−1.529						
PL×CFO×DCFO	−0.063***	−2.787						
PROC₁×PL	0.013	0.741						
PROC₁×PL×CFO	−0.018	−0.997						
PROC₁×PL×DCFO	0.015	0.798						
PROC₁×PL×CFO×DCFO	0.024	1.311						
CFR			0.039***	2.414				
CFR×CFO			−0.062***	−2.539				
CFR×DCFO			−0.017	−0.664				
CFR×CFO×DCFO			−0.121***	−4.388				
PROC₁×CFR			0.015	0.887				
PROC₁×CFR×CFO			−0.019	−1.122				
PROC₁×CFR×DCFO			−0.013	−0.677				
PROC₁×CFR×DCFO×CFO			0.001	0.042				
TRS					0.019	1.100		
TRS×CFO					0.016	0.530		
TRS×DCFO					−0.031	−1.121		
TRS×CFO×DCFO					−0.022	−0.718		
PROC₁×TRS					−0.001	−0.041		
PROC₁×TRS×CFO					−0.003	−0.166		
PROC₁×TRS×DCFO					0.007	0.349		
PROC₁×TRS×DCFO×CFO					−0.029	−1.345		
UDR							0.054***	3.285
UDR×DCFO							−0.034	−1.194
UDR×CFO							−0.096***	−3.461
UDR×DCFO×CFO							−0.025	−0.878
PROC₁×UDR							−0.001	−0.039
PROC₁×UDR×DCFO							−0.005	−0.283
PROC₁×UDR×CFO							0.005	0.294
PROC₁×UDR×CFO×DCFO							−0.037*	−1.915
LEV	0.018	1.141	0.014	0.921	0.017	1.084	0.019	1.241
LEV×DCFO	−0.038**	−2.135	−0.032*	−1.813	−0.036**	−1.978	−0.038**	−2.152
LEV×CFO	0.008	0.418	0.015	0.810	0.011	0.577	0.003	0.166
LEV×DCFO×CFO	−0.083***	−4.648	−0.070***	−4.000	−0.077***	−4.253	−0.072***	−4.051
IND	控制		控制		控制		控制	
YEAR	控制		控制		控制		控制	
Adj.R²	0.802		0.810		0.802		0.805	
F	381.022***		399.799***		382.019***		389.161***	
N	2 908		2 908		2 908		2 908	

注：***、**和*分别表示在 1%、5%和 10%的水平显著。

6.3 ——————————— 本章小结 ———————————

　　本章理论分析和实证检验了投资者保护对终极控制股东与会计稳健性关系的影响。研究发现，随着投资者保护水平的提高，没有充分证据表明投资者保护水平的提高降低了金字塔层级与会计稳健性之间的负相关关系。终极控制股东现金流量权与会计稳健性之间负相关关系受投资者保护的影响不显著。但是，投资者保护降低了终极控制股东的两权偏离度及其派出董事与会计稳健性之间的负相关关系。研究认为，中国投资者保护措施对终极控制股东的机会主义行为的制约力有待提高。本章的研究结论肯定了委托代理理论、信息不对称理论和投资者保护理论等建议的会计稳健性影响因素及作用方向。

◥◣ 第 7 章 ◢◤

主要研究结论与政策建议

本章是对全书的总结，具体结构安排如下：第一部分总结本书的主要研究发现。第二部分在研究总结的基础上为会计信息质量的提高、公司治理结构的优化、投资者保护的完善等提出建议。第三部分分析本书研究局限，并指出需要进一步研究的问题。

7.1 ——————— 主要研究结论 ———————

在对终极控制股东、投资者保护和会计稳健性相关文献回顾的基础上，本书首先从会计稳健性制度的产生与发展、公司治理、资本市场和投资者保护四个方面系统分析了中国上市公司的制度背景，揭示了终极控制股东、投资者保护与会计稳健性研究制度背后的经济力量因素。接着结合中国制度背景理论分析终极控制股东、投资者保护是否以及如何影响公司会计稳健性，然后运用不同的会计稳健性度量模型检验终极控制股东（包括金字塔股权结构、金字塔层级、现金流量权、两权偏离度和派出董事）、投资者保护（包括投资者保护时期差异和区域差异）及二者的相互作用对会计稳健性的影响。研究发现，影响其他国家会计稳健性的公司特征和投资者保护因素也影响中国上市公司会计稳健性，但是，中国上市公司终极控制股东、投资者保护，以及二者的相互作用对会计稳健性的影响具有自身特征。本书研究得到以下主要结论：

（1）中国上市公司会计稳健性制度是在世界经济一体化和中国会计与国际会计接轨与趋同过程中被引入，而非本土产生。因此，西方国家会计稳健性影响因素（例如契约、诉讼、管制和税收等）对会计稳健性的作用机理不能完全解释中国会计稳健性状况。与其他国家相比，中国制度层面贯彻会计稳健性制度和原则对上市公司会计稳健性影响较大。这可能影响会计稳健性的公司治理作用在中国资本市场的发挥。

（2）与委托代理理论一致，我们研究发现拥有金字塔股权结构的公司比不具有金字塔股权结构公司的会计稳健性水平更低，终极控制股东的股权结构安排加剧了终极控制股东与外部投资者之间的代理矛盾。

（3）与信息不对称理论相一致，我们研究发现金字塔层级与会计稳健性负相关，即金字塔层级越多的公司会计稳健性越低。在金字塔股权结构中，终极控制股东与上市公司之间的公司层级安排受终极控制股东控制动机的影响，从控制权私有利益出发的控制动机抑制了上市公司披露坏消息的及时性。金字塔层级越多的公司的终极控制股东越可能成为及时会计信息披露的阻滞力量，从而加大控制股东与中小股东之间的信息不对称性。

（4）产权性质影响终极控制股东操纵会计信息的动机和行为。在中国制度背景下，国有终极控制和非国有终极控制两类公司在会计稳健性方面差异较大。例如，在金字塔层级与会计稳健性之间的关系方面，与国有终极控制公司相比，非国有终极控制公司金字塔层级对会计稳健性的负面影响更大。这一实证结果表明，国有终极控制股东通过金字塔股权结构安排，实现在不转让国家所有权的情况下可靠转移公司决策权给管理层的股权结构安排动机在一定程度上提高了会计信息质量。在终极控制股东两权偏离度与会计稳健性的关系方面，与非国有终极控制股东相比，国有终极控制股东两权偏离度越大的公司会计越不稳健。在现金流量权方面，国有终极控制股东的现金流量权延迟确认损失，产生这一现象的可能解释是国有终极控制股东对上市公司持有股份越多，政府对公司的干预越强，迫于政治业绩等的压力，公司需要提供更高的会计盈余以掩盖较差经济业绩的经济实质。另外，公司为了完成就业、税收等社会职能，市场配置资源措施常被行政手段所替代，从而降低会计稳健性的市场需求。

（5）与委托代理理论一致，我们研究发现，终极控制股东现金流量权对会计稳健性产生负面影响，这一影响主要体现为损失被延迟确认。虽然现金流量权将终极股东利益与公司价值捆绑在一起，但是，终极控制股东并没有因此而显著地提高盈余信息质量，终极控制股东现金流量权带来的壕沟效应大于协同效应。

（6）终极控制股东两权偏离度越大的公司会计稳健性越低。当控制权大于现金流量权时，终极控制股东利用控制权转移公司财富获得的收益大于由于现金流量权遭受的损失。因此，当两权偏离时，控制股东有动机掠夺公司财富和中小股东利益。及时确认收益，延迟确认损失成为终极控制股东掩盖其掠夺行为的会计选择。这一选择导致会计稳健性水平被降低。

（7）终极控制股东派出董事席位越多的公司会计稳健性越低。终极控制股东派出董事能够在不增加持股的情况下加大对董事会的控制，降低了董事会独立性，同时也降低了董事会监督控制股东和保护公司其他利益主体所需的会计稳健性需求。

（8）非国有终极控制股东派出董事的政府背景降低了会计稳健性。政府背景是有价值的资源，带给公司融资便利、税收优惠、降低政府管制等明显的政策好处。终极控制股东派出有政府背景的董事更易产生政治寻租行为，这些行为降低了公司运营管理对稳健会计信息的需求。

（9）投资者保护是影响会计稳健性的另一重要因素。本书发现，中国投资者保护在一定程度上提高了会计稳健性；东部地区相对更高的投资者保护水平促进了该地区会计稳健性的提高。但是，中国投资者保护对会计稳健性的促进作用有限。这与中国投资者保护水平总体较低有关。中国投资者保护水平与发达国家相差较大，与同为经济发展中的国家相比，中国投资者保护水平也不高。较弱的投资者保护对内部人机会主义行为难以发挥强大的威慑作用，对机会主义行为的惩治和对中小股东利益的保护力度都较低。

（10）投资者保护影响终极控制股东动机和行为，这一影响体现在会计稳健性中。国外研究认为，由于良好的投资者保护能够有效规范终极控制股东行为、保护中小股东利益，因此公司会计更稳健。但是，我们对中国上市公司的研究并未得到与国外文献相同的结论。我们通过检验投资者保护与终极控制股东的相互作用对会计稳健性的影响发现：

第一，投资者保护水平的提高在一定程度上延迟了金字塔层级多的公司对好消息的确认，但是，并未显著提高公司盈余确认坏消息的及时性。投资者保护与金字塔层级的相互作用未显著提高会计稳健性。

第二，投资者保护与终极控制股东现金流量权的相互作用对会计稳健性未产生显著影响，表明投资者保护水平的提高未降低终极控制股东现金流量权与会计稳健性之间的负相关关系。

第三，随着投资者保护水平的提高，投资者保护不但没有起到抑制终极控制股东通过两权偏离和派出董事等手段降低会计稳健性的作用，反而加剧了二者之间的负相关关系。研究表明，当投资者保护措施不断完善时，控制股东偏好选用两权偏离、派出董事等较隐蔽的方式进行掠夺和会计操纵。研究认为，现行投资者保护制度规范对终极控制股东机会主义行为的纪律存在缺陷和不足，发挥公司治理作用有限。中国现行投资者保护措施有待进一步完善，尤其应当加强对复杂股权结构下终极控制股东行为的规范。

145

7.2 政策建议

通过对中国上市公司终极控制股东、投资者保护与会计稳健性的理论分析和实证研究，我们提出相关的政策性建议。

（1）重视宏观经济状况和公司所属行业特征的影响。上市公司会计信息质量管理应当重视宏观经济状况，如行业竞争性、经济周期、政府干预、会计监管等。同时，也应当重视公司所属行业特征对会计稳健性的影响，加强行业管理。

（2）不断完善资本市场建设。资本市场特征影响会计稳健信息的供需状况。健全的资本市场能够提高会计稳健性的市场需求。中国主板市场特征影响会计稳健性。中国资本市场的板块差异影响板块之间的会计稳健性水平。对上市公司包括会计稳健性在内的会计监管应该充分考虑公司所属板块市场特征的影响。从会计稳健性的研究结果来看，完善资本市场板块建设，尤其是完善创业板市场建设是当前资本市场建设的重要内容。

（3）注重会计制度建设，规范会计准则体系。高质量的会计信息能够引导投资，降低代理成本和信息不对称。加强会计制度建设和规范会计准则体系是提高财务报告质量的重要措施。在中国现行制度背景下，以政府为主导构建的会计监管体系仍是我国证券市场会计监管的主要选择。为了保障会计信息的质量，政府通常实施以会计准则为主要内容的会计管制。政府的会计监管在一定程度上提高了会计信息质量，但效果与政策制定者所预期目标存在较大差距。财务信息是公司治理过程中的产品。与其他产品一样，财务信息存在着供求双方，从而形成会计市场，受市场规律的影响。因此，政府会计监管不应违背会计市场规律，在会计市场失灵情况下做必要的政府干预，不能以政府手段替代市场行为。但是，会计准则只是对公司会计确认和计量提供了普适性的规定，公司拥有较多的会计选择，会计人员拥有较大的职业判断空间。会计准则实施效果与公司执行力度密切相关。政府在会计制度建设和会计准则体系规范方面应加强高质量会计制度和准则的制定和执行，加强对会计违法行为的法律追究，尤其是加强对终极控制股东通过延迟会计损失，降低会计稳健性，以操纵会计信息的机会主义行为进行监管。

（4）发挥股权制衡作用。在中国上市公司中，第一大股东持股比例大，其他股东持股比例分散，难以限制大股东机会主义行为和"内部人"控制现象，导致大股东操纵会计信息的问题较为严重。因此，需要建立多元化股权结构和少数股东联盟，形成股权制衡局面势在必行。通过股权转让和回购等多种形式提高最大股东之外的其他大股东持股比例，缩小股东之间的持股差距，增加各类股东对高质量会计信息的市场需求，要求公司及时提供损失信息，不高估公司会计盈余，从而增加对会计稳健性的需求。

（5）提高机构投资者持股比例。国内外研究发现，机构投资者能够利用其专业优势，更好地分辨上市公司的好坏和确认公司股价，有效监督上市公司运营管理，有助于提高会计信息相关性和可靠性。我国于2004年发布的《国务院关于推进资本市场改革开放和稳定发展的若干意见》强调引入机构投资者，改善资本市场的投资者结构，促进上市公司的发展。当

146

前，中国上市公司机构投资者持股比例较低，其公司治理作用尚未得到充分发挥。因此，提高机构投资者持股比例，从而提高机构投资者参与公司治理的程度，发挥机构投资者在监督和约束管理者方面的积极作用是必要的。机构投资者一方面抑制了控制股东操纵会计信息以掩盖公司真实经济业绩的动机，另一方面增加对会计稳健性的需求，有助于会计信息质量的提高。

（6）调整国家股的持有比例、持有机构和持有方式。相对非国有上市公司而言，国有上市公司承担着更多社会责任和政治目标，公司价值最大化并非国有控制公司的唯一目标。我们从会计稳健性角度研究发现，国有终极控制存在比较严重的"内部人"控制。政府干预、债务软约束、"内部人"控制等问题降低了稳健会计信息的提供和需求。应当调整国有终极控制持股结构（包括持股比例、持股方式、持股机构等），加强国有股的市场化管理，增加国有上市公司的市场主体性，提高公司会计信息稳健性，更好地为投资决策服务。

（7）完善董事会制度建设。董事会在公司治理中的作用日益突出，独立性更高的董事会提供会计信息的质量更高。中国上市公司董事会独立性较低。加强董事会制度建设，强化董事会独立性管理，使得董事会不仅能够代表控制股东利益，牵制大股东机会主义行为，而且能代表其他各利益主体的利益。解决现行独立董事不独立的制度缺陷，强化独立董事的政治背景管理，真正发挥独立董事应有的监督作用。同时，应当加强对终极控制股东派出董事的管理，改革董事会议事规则。从各方面完善董事会制度建设，积极发挥董事会在公司治理中的作用，提高会计稳健性。

（8）维护利益相关者的利益。公司由众多利益主体构成，如顾客、供应商、员工和债权人等。各利益主体之间的合作促进公司价值和共同利益的实现。在当前中国制度环境下，众多上市公司被控制股东操纵，更多代表大股东利益，忽视对其他主体利益的保护，不利于公司长远发展。公司在制定财务决策和公司治理机制时应当主动维护大股东之外其他公司主体的利益，例如，在董事会中设立职工代表，建立有效维护债权人的机制，建立健全管理者收购（MBO）机制，以及外部接管市场等，提高公司治理效率。

（9）完善中小股东和其他利益相关者的法律保护制度。我们通过理论和实证分析发现，随着投资者保护水平的提高，终极控制股东利用两权偏离、派出董事等手段加大对公司的掠夺和对会计信息的操纵，降低了会计稳健性水平。因此，加强对上市公司实际控制人行为的监管日益重要。现行法律体系在这方面存在制度缺陷，需要完善和提高。仅有完善的法律体系是不够的，还需要有效的法律执行和监督才能将投资者保护落到实处。因此，需要提高投资者保护执法质量、执法力度和执行效率。对于违法行为应实施有效的强制性措施，行政处罚与刑事制裁相结合。同时，与西方国家法律体系相比，我国投资者保护可操纵性较低，提高法律可操作性是需要解决的重点问题。在投资者保护立法和执行方面完善投资者保护法律体系和保护措施，包括《公司法》《证券法》《合同法》等，提高投资者法律保护水平，加强对终极控制股东掠夺行为的法律监管制度建设。

（10）提高会计信息披露质量，建立健全的会计信息披露制度。信息披露制度是各国政府规范和管理证券市场的重要制度，也是在当前中国制度背景下提高会计信息质量需要改善的制度之一。当前，中国信息披露制度在法律责任与救济制度等方面都存在问题与缺陷。较低的会计信息披露质量加剧了资本市场的信息不对称性，过度的信息披露机会主义行为削弱了投资者对资本市场的信心，影响了证券市场健康有序地发展。中国资本市场中的外部投资者，尤其是广大的中小投资者为数众多，但是，受能力和条件限制，他们谈判能力较弱，需要有效的法律制度保障。现行商事法律体系重行政责任轻民事责任，重政府干预轻市场监管，处罚力度严重不足，公司和相应人员违法成本远低于违法收益。为了有效遏制信息披露的违法现象，改变违法收益高于违法成本的不合理状况，提高投资者对信息披露违法行为公司和责任人的惩罚力度，应当建全商事法律体系，完善信息披露民事诉讼制度和民事赔偿制度，引入集团诉讼规则，重视市场监管和资本市场诚信建设。

（11）加强对董事和高层管理者的股权激励。股权激励使得这些决策制定者和执行者具有普通股东的身份，能同时代表大股东和广大中小股东利益，从而防止大股东对董事和经理的完全控制，防止大股东操纵会计信息，形成高管与大股东之间的相互牵制。与其他国家相比，中国的高管持股比例非常低，这方面的制度建设和法律保障也很有限，高管股权激励作用未得到有效发挥。因此，有必要培育相关的制度环境，完善相关的法律制度，充分发挥高管股权激励在公司治理中的作用。

7.3 ——————研究创新、研究局限和后续研究建议——————

7.3.1　研究创新

（1）在理论思想上，本书从投资者保护和终极控制股东视角开展会计稳健性研究，搭建一个描述终极控制股东、投资者保护与会计稳健性之间关系的理论框架，探讨终极控制股东、投资者保护及二者相互作用对会计稳健性的影响，探讨会计稳健性研究的新思想、新视角，拓展和充实现有的研究，丰富和完善会计理论体系。

（2）从投资者保护水平的区域差异、时期差异，以及投资者保护对终极控制股东行为的影响等视角对会计稳健性进行了解释，提供了投资者保护对会计稳健性影响问题研究的另一种思路和现实背景，从财务信息视角更深入地认识中国投资者保护制度效率，有助于加强公司治理和资本市场投资者保护机制建设。

（3）从纵向股权结构研究终极控制股东派出董事及董事政府背景对会计稳健性的影响，提供了从董事会视角研究会计信息质量的新思路。研究发现终极控制股东派出董事和非国有终极控制股东派出董事政府背景都显著降低了会计稳健性。研究得到其他一些新的证据，如与不具有金字塔股权结构的公司相比，具有金字塔股权结构的公司的会计稳健性更低；在我国现行制度背景下，我国上市公司终极控制股东青睐金字塔股权结构安排以实现控制目的，但是国有和非国有终极控制股东实现控制目的的动机不同。

7.3.2　研究的不足之处

本书的研究存在如下不足之处：

（1）本研究用年度虚拟变量控制了宏观经济因素，没有研究具体的宏观经济因素，如经济周期、利率、通货膨胀等，如何影响终极控制股东、投资者保护与会计稳健性之间的关系。

（2）本研究未对外部公司治理因素与内部公司治理因素对会计稳健性的影响差别作深入分析。

（3）由于现有条件和技术原因，本研究理论分析和实证研究了非国有终极控制股东派出董事的政府背景对会计稳健性的影响，对国有终极控制股东派出董事的政府背景对会计稳健性的影响未作研究。

7.3.3 需要进一步研究的问题

需要进一步研究的问题包括：

（1）研究具体的宏观经济因素如何影响会计稳健性水平，同时探析上市公司会计稳健性最佳水平及其影响因素。

（2）国内大部分学者主要集中于研究会计稳健性带来的经济效益，很少有人研究会计稳健性带来的成本问题，公司对会计稳健性水平的选择受会计稳健性准则成本效益的双重影响。今后可在会计稳健性的成本问题方面作进一步的研究。

（3）构建相关理论和实证模型，研究内部公司治理因素如何影响会计稳健性水平，以及内外部公司治理因素对会计稳健性的影响差异。

主要参考文献

[1] ADHIKARI A, DERASHID C, ZHANG H. Public policy, political connections and effective tax rates: Longitudinal evidence from malaysia[J]. *Journal of Accounting and Public Policy*,2006(25):574-595.

[2] AHMED A S, DUELLMAN S. Accounting conservatism and board of directors' characteristics: An empirical analysis[J]. *Journal of Accounting and Economics*, 2007(43): 411- 437.

[3] AHMED, BILLINGS, MORTON, et al. The role of accounting conservatism in mitigating bondholder – shareholder conflicts over dividend policy and in reducing debt costs [J]. *The Accounting Review*, 2002(77):867-890.

[4] AHMED, MORTON, SCHAEFER. Accounting conservatism and the valuation of accounting numbers: Evidence of the Feltham-Ohlson (1996) model [J] . *Journal of Accounting, Auditing & Finance*, 2000(15): 271-292.

[5] ALFORD, JONES, LEFTWICH, et al. The relative informativeness of accounting disclosures in different countries [J] . *Journal of Accounting Research*, 1993: 183-223.

[6] AMIHUD Y, MENDELS H. On asset pricing and the bid- ask spread [J] . *Journal of Financial Economics*, 1986 (17): 223-249.

[7] ANWER S, AHMEDA, DUELLMAN., Evidence on the role of accounting conservatism in monitoring managers' investment decisions [J] . *Accounting*

and Finance, 2011(51):609-633.

[8] ARCHAMBAULT J J, ARCHAMBAULT. Multinational test of determinants of corporate disclosure [J]. The International Journal of Accounting, 2003 (38):173-194.

[9] ATTING N, GADHOUM Y, LANG L. Bid- ask spread, asymmetric information and ultimate ownership [J]. The Chinese University of Hong Kong. Working Paper, 2003.

[10] BALKRISHNA H, COULTON J J, TAYLOR S L. Accounting losses and earnings conservatism: Evidence from Australian generally accepted accounting principle [J]. Accounting and Finance, 2007(47): 381-400.

[11] BALL R, SHIVAKUMAR L. Earnings quality in UK private firms: comparative loss recognition timeliness [J]. Journal of Accounting and Economics, 2005(39): 83-128.

[12] BALL R, KOTHARI S P, ROBIN A. The effect of international institutional factors on properties of accounting earnings [J]. Journal of Accounting and Economics, 2000(29):1-51.

[13] BALL R, ROBIN A, WU J. Accounting standards, the institutional environment and issuer incentives: effect on timely loss recognition in China [J]. Asia Pacific Journal of Accounting and Economics, 2000(7):71-96.

[14] BALL R, ROBIN S P A, WU J S. Incentives versus standards: Properties of accounting income in four East Asian countries [J]. Journal of Accounting and Economics, 2003(36):235-270.

[15] BANDYOPADHYAY S P, HANNA J D, RICHARDSON G. Capital market effects of U.S.- Canada GAAP differences [J]. Journal of Accounting Research, 1994: 262-770.

[16] BARTH M, CLINCH G. International accounting differences and their relation to share prices: Avidence from U.K., Australian and Canadian firms [J]. Contemporary Accounting Research, 1996: 135-186.

[17] BASU S. The conservatism principle and the asymmetric timeliness of earnings [J]. Journal of Accounting and Economics, 1997(24): 3-37.

[18] BEASLEY M S. An empirical analysis of the relation between the board of director composition and financial statement fraud [J]. The Accounting Review, 1996(71): 443-465.

[19] BEAVER W H, RYAN S G. Biases and lags in book value and their effects

on the ability of the Book-to-Market ratio to predict book return on equity
[J]. *Journal of Accounting Research*, 2000(38):127-148.

[20] BEAVER W H, RYAN S G. Identifying conditional conservatism in the
presence of risky debt and mixed- attribute accounting [R]. *SSRN
Working Paper*, 2009.

[21] BECHT M, ROELL A. Blockholding in Europe: An international comparison
[J]. *European Economic Review*, 1999,43(4-6):1049-1056.

[22] BEEKES W, POPE P F, YOUNG S. The link between earnings timeliness,
earnings conservatism and board composition: Evidence from the UK [J].
Corporate Governance, 2004,12(1): 47-51.

[23] BELKAOUI A. International accounting issues and solutions [C]. *Quorum
Books*, 1985.

[24] BENNEDSEN M, WOLFENZON D. The balance of power in closely held
corporations [J]. *Journal of Financial Economics*, 2000,58(1): 113-139.

[25] BERLE A, MEANS G. The modern corporation and private property [M].
MacMillan, New York, 1932.

[26] BERTRAND M, MELTA P, MULLAINATHAN S. Ferreting out tunneling: an
application to Indian business groups [J]. *Quarterly Journal of Economics*,
2002(118):121-148.

[27] BHATTACHARYA U, DAOUK H, WELKER M. The world price of earnings
opacity[J]. *Accounting Review*, 2003(78):641-678.

[28] MARCELLO , BIANCO, ENRIQUES. Pyramidal groups and the separation
between ownership and control in Italy[M]//Fabrizio Barca , Marco Becht.
Who controls corporate Europe?*Oxford : Oxford University Press*, 2001 :
154-187.

[29] BLOCH F, HEGE U. Multiple shareholders and control contests[M] , *in
Book Multiple shareholders and control contests, edited by Editor. City*,
2001.

[30] BONA- SANCHEZ C B, ALEMA J P, SANTANA- MART D J. Ultimate
ownership and earing conservatism [J]. *European Accounting Review*,
2011(20):57-80.

[31] BOWEN R M, RAJGOPAL S, VENKATACHALAM M. Accounting
discretion, corporate governance, and firm performance [J]. *University of
Washington., Working Paper*, 2005.

[32] BUSHMAN R M, PIOTROSKI J D. Financial reporting incentives for

conservative accounting: the influence of legal and political institutions [J].
Journal of Accounting and Economics, 2006(42):107-148.

[33] BUSHMAN R, CHEN Q, ENGEL E, et al. Financial accounting information, organizational complexity and corporate governance systems [J]. *Journal of Accounting and Economics*, 2004(37):167-201.

[34] BUSHMAN R, SMITH A, PIOTROSKI J. Capital allocation and timely accounting recognition of economic losses: International evidence [J]. *Working paper. University of Chicago and University of North Carolina.* 2005.

[35] CHAUDHURI S, TABRIZI B. Capturing the real value in high - tech acquisitions [J]. *Harvard Business Review*, 1999(77):123-185.

[36] CHEN C, XIA D L. Corporate pyramid, capital investment and firm performance in China [J]. *Beijing Normal University. Working Paper*, 2010.

[37] CHEN K C W, CHEN Z H, WEI K C J. Legal protection of investors, corporate governance, and the cost of equity capital [J]. *Journal of Corporate Finance*, 2009(15):273-289.

[38] CHI W, WANG C. Accounting conservatism in a setting of Information Asymmetry between majority and minority shareholders [J]. *The International Journal of Accounting*, 2010(45): 465-489.

[39] CHI W, LIU C, WANG T. What affects accounting conservatism: A corporate governance perspective [J]. *Journal of Contemporary Accounting & Economics*, 2009(5):47-59.

[40] CHOI W. Bank relationships and the value relevance of the income statement: Evidence from income-statement conservatism [J]. *Journal of Business Finance & Accounting*, 2007(34):1051-1072.

[41] CLAESSENS S, DJANKOV S, LANG L. The separation of ownership and control in East Asian corporations [J]. *Journal of Financial Economics*, 2000(58): 81-112.

[42] CLAESSENS S, DJANKOV S, FAN J P H, et al. Disentangling the incentive and entrenchment effects of large shareholdings [J]. *The Journal of Finance*, 2002(6):2741-2771.

[43] CORE J E, GUAY W R, RUSTICUS T O. Does weak governance cause weak stock returns? An examination of firm operating performance and investors' expectations [J]. *Journal of Finance*, 2006(61):655-687.

[44] DECHOW P M, KOTHARI S P, WATTS R L. The relation between earnings and cash flows [J]. *Journal of Accounting and Economics*, 1998(25):133-

168.

[45] DECHOW P M. Accounting earnings and cash flows as measures of firm performance: The role of accounting accruals, unpublished paper [J]. *University of Pennsylvania, Philadelphia*, PA, 1993.

[46] DEMIRGUC-KUNT A, MAKSIMOVIC V. Law, finance, and firm growth [J]. *Journal of Finance*, 1998(53):2107-2137.

[47] DOIDGE C, KAROLYI G A, STULZ R M. Why are foreign firms listed in the U.S. worth more? [J]. *Journal of Financial Economics*, 2004(71): 205-238.

[48] DOIDGE C. U. S. cross-listings and the private benefits of control: Evidence from dual-class firms [J]. *Journal of Financial Economics*, 2004(72):519-553.

[49] DURNEV A, KIM E H. To steal or not to steal: firm attributes, legal environment, and valuation [J]. *Journal of Finance*, 2005(60):1461-1493.

[50] EASLEY D, O'HARA M. Information and the Cost of Capital [J]. *Journal of Finance*, 2004(59):1553-1583.

[51] EASLEY D, HVIDKJAER S, O'HARA M. Factoring information into returns [J]. *Cornell University. Working paper*, 2004.

[52] EASLEY D, HVIDKJAER S,O'HARA M. Is information risk a determinant of asset returns [J]. *Journal of Finance*, 2002(57):2185-2221.

[53] EASTON P D, PAE J. Accounting conservatism and the relation between returns and accounting data [J]. *Review of Accounting Studies*, 2004(9): 495-521.

[54] ENIKOLOPOV R, PETROVA M, STEPANOV S. Firm value in crisis: Effects of firm-level transparency and country-level institutions [J]. *Journal of Banking & Finance*, 2014(46):72-84.

[55] FACCIO L, LANG L. The ultimate ownership of Western European corporations [J]. *Journal of Financial Economics*, 2002(65): 365-395.

[56] FACCIO M, LANG L, YOUNG L. Dividends and expropriation [J]. *American Economic Review*, 2001(91):54- 78

[57] FAMA E, JENSEN M C. Separation of ownership and control [J]. *Journal of Law and Economics*, 1983(26):301-325.

[58] FAN J P H, WONG T J, ZHANG T. Organizational structure as a decentralization device: Evidence from corporate pyramids [J]. *SSRN. Working Paper*, 2007.

155

[59] FAN J P H, WONG T J, ZHANG T. Institutions and organizational structure: the case of state- owned corporate pyramids [J] . *Journal of Law, Economics, and Organization*, 2012(12):1-36.

[60] FAN J P H, WONG T J, ZHANG T. The emergence of corporate pyramids in China [J]. *The Chinese University of Hong Kong. Working Paper*. 2005.

[61] FAN J P H, WONG T J. Corporate ownership structure and the informativeness of accounting earnings in East Asia [J] . *Journal of Accounting and Economics*, 2002(33):401-425.

[62] FAN J P H, WONG T J, TIANYU Z. The Emergence of Corporate Pyramids in China [R] . *Center for Economic Institutions, Institute of Economic Research, Hitotsubashi University*, 2006.

[63] FAN J P H, TITMAN S, TWITE G. An international comparison of capital structure and debt maturity choices [J]. *SSRN.Working Paper*, 2003.

[64] FARBER D B. Restoring trust after fraud: does corporate governance matter? [J]. *The Accounting Review*, 2005(80):539-561.

[65] FELTHAM G, OHLSO, J A. Valuation and clean surplus accounting for operating and financial activities [J] . *Contemporary Accounting Research*, 1995(11): 689-731.

[66] FILATOTCHEV I, MICKIEWICZ T. Ownership concentration, 'private benefits of control' and debt financing [J] . *Corporate Governance and Finance in Poland and Russia*, 2006: 159-176.

[67] FRANKEL R M, ROYCHOWDHURY S. Are all special items equally special? The predictive role of conservatism [J]. *SSRN. Working Paper*, 2008.

[68] LARA J M, OSMA B, PENALVA F. Accounting conservatism and corporate governance [J] . *Review of Accounting Studies*, 2009(14):161-201.

[69] GARVEY G, HANKA G. Capital structure and corporate control :the effect of antitakeover statutes on firm leverage[J] . *Journal of Finance*, 1999 (54): 519-546.

[70] GASSEN J, FÜLBIER R, SELLHORN T. International differences in conditional conservatism - the role of unconditional conservatism and income smoothing [J]. *European Accounting Review*, 2006(15):527-564.

[71] GIGLER F, KANODIA C, SAPRA H. Accounting conservatism and the efficiency of debt contracts [J] . *Journal of Accounting Research*, 2009 (47): 767-797.

[72] GINER B, REES W. On the asymmetric recognition of good and bad news

in France, Germany and the United Kingdom [J]. *Journal of Business Finance & Accounting*, 2001(28):1285-1332.

[73] GIVOLY D, HAYN C, NATARAJAN A. Measuring reporting conservatism [J]. *Accounting Review*, 2007(82):65-106.

[74] GIVOLY D, HAYN C. The changing time-series properties of earnings, cash flows and accruals: Has financial reporting become more conservative? [J]. *Journal of Accounting &Economics*, 2000 (29):287-320.

[75] GIVOLY D, HAYN C K, KATZ S P. Does public ownership of equity improve earnings quality [J]. *The Accounting Review*, 2010(85):195-225.

[76] GIVOLY D, HAYN C K, NATARAJAN A. Measuring reporting conservatism [J]. *The Accounting Review*, 2007(82): 65-106.

[77] HART O. Corporate governance: some theory and implications [J]. *The Economic Journal*, 1995(105): 678-689.

[78] HAW I M, HO S, TONG Y, et al. Complex ownership structures and accounting conservatism [R]. *SSRN Working Paper*, 2010.

[79] HIMMELBERG C, HUBBARD R, LOVE I. Investment, protection, ownership and the cost of capital [J]. *Policy Research Working Paper, World Bank*, 2002.

[80] HIMMELBERG C P, HUBBARD R G, LOVE I. Investor protection, ownership and the cost of capital [J]. *Columbia University Working Paper*, 2002.

[81] JAIN P K, REZAEE Z. The sarbanes-oxley act of 2002 and security market behavior: early evidence [J]. *Contemporary Accounting Research*, 2006 (23): 629-654.

[82] JENSEN M C, MECKLING W H. Specific and general knowledge, and organizational structure [M]. *in L. Werin and H. Wijkander, eds., Main Currents in Contract Economics, Blackwell, Oxford, UK.* 1992.

[83] JENSEN M, MECKLING W. Theory of the firm: Managerial behavior, agency costs, and ownership structure [J]. *Journal of Financial Economics* 1976 ,3(4),:305-360.

[84] JIA Y. Essays on accounting conservatism [D]. *Hong Kong: Hong Kong Polytechnic University*, 2004.

[85] KHAN M, WATTS R L. Estimation and empirical properties of a firm-year measure of conservatism [J]. *Journal of Accounting and Economics*, 2009

(48):132-150.

[86] KWON S S, YIN Q J, HAN J. The effect of differential accounting conservatism on the 'over-valuation' of high-tech firms relative to low-tech firms [J]. *Review of Quantitative Finance and Accounting*, 2006(27): 143-173.

[87] LA PORTA R, LOPEZ-DE-SILANES F, SHLEIFER A. Corporate ownership around the world [J]. *The Journal of Finance*, 1999(54): 471-517.

[88] LA PORTA R, LÓPEZ-DE-SILANES F, SHLEIFER A, et al. Investor protection and corporate valuation [J]. *The Journal of Finance*, 2002(57): 1147-1170.

[89] LA PORTA R, LOPEZ-DE-SILANES F, SHLEIFER A, et al.Investor protection and corporate governance [J]. *Journal of Financial Economics*, 2000(58):3-27.

[90] LAEVEN L, LEVINE R. Complex ownership structures and corporate valuations [J]. *Review of Financial Studies*, 2008(21): 579-604.

[91] LAFOND R, ROYCHOWDHURY S. Managerial ownership and accounting conservatism [J]. *Journal of Accounting Research*, 2008(46): 101-135.

[92] LAFOND R. The influence of ownership structure on earnings conservatism and the informativeness of stock prices: An international comparison [J]. *SSRN Working Paper*, 2005.

[93] LAFOND W, WATTS R L. The information role of conservatism [J]. *The Accounting Review*, 2008(83):447-478.

[94] LARA, OSMA B G, PENALVA F. Board of directors' characteristics and conditional accounting conservatism: Spanish evidence [J] . *European Accounting Review*, 2007(16): 727-755.

[95] LARA J M G, OSMA B G, PENALVA F. Accounting conservatism and corporate governance [J]. *Review of Accounting Studies*, 2009(14): 161-201.

[96] LARA J M G, MORA A. Balance sheet versus earnings conservatism in Europe [J]. *European Accounting Review*, 2004(13): 261-292.

[97] LEMMON M L, LINS K V. Ownership structure, corporate governance, and firm value: Evidence from the East Asian financial Crisis [J]. *The Journal of Finance*, 2003(4):1445-1468.

[98] LEUZ C, NANDA D, WYSOCK P D. Earnings management and investor protection: An international comparison [J] . *Journal of Financial*

Economics, 2003(69): 505-527.

[99] LEV B, NISSIM. Taxable income, future earnings, and equity values, *The Accounting Review*, 2004, 79 (4):1039-1074.

[100] LOBO G, ZHOU J. Did conservatism in financial reporting increase after the Sarbanes-Oxley Act? Initial evidence [J]. *Accounting Horizons*, 2006(20): 57-73.

[101] LOMBARDO D, PAGANO M. Law and equity markets: a simple model, corporate governance regimes: convergence and diversity [M]. *Oxford University Press*, 2002:343-362.

[102] LU Y, YAO J. Impact of state ownership and control mechanisms on the performance of group affiliated companies in China [J]. *Asia Pacific J Manage*, 2006(23): 485-503.

[103] NENOVA T. The value of corporate voting rights and control: A cross-country analysis [J]. *Journal of Financial Economics*, 2003(68): 325-351.

[104] NICHOLS D C, WAHLEN J M, WIELAND M M. Publicly traded versus privately held: implications for conditional conservatism in bank accounting [J]. *Review of Accounting Atudies*, 2009(14): 88-122.

[105] PAE J, THORNTON D B, WELKER M. The link between earnings conservatism and the price-to-book ratio [J]. *Contemporary Accounting Research*, 2005(22): 693-717.

[106] PAE J. Unexpected accruals and conditional accounting conservatism [J]. *Journal of Business Finance & Accounting*, 2007(34): 681-704.

[107] PEASNELL K V, POPE P F, YOUNG F. Accrual management to meet earnings targets: UK evidence pre- and post- Cadbury [J]. *The British Accounting Review*, 2000(32):415-445.

[108] PEEK E, CUIJPERS R, BUIJINK W. Creditors' and shareholders' reporting demands in public versus private firms: Evidence from Europe [J]. *Contemporary Accounting Research*, 2010(27): 49-91.

[109] POPE P, WALKER M. International differences in the timeliness, conservatism, and classification of earnings [J]. *Journal of Accounting Research*, 1999(37):53-87.

[110] RAJAN M V, REICHELSTEIN S, SOLIMAN M T. Conservatism, growth, and return on investment [J]. *Review of Accounting Studies*, 2007(12): 325-370.

[111] RAKAN R G, ZINGALES L. Financial dependence and growth [J].

159

American Economic Review, 1998(88):321-364.

[112] RAMALINGEGOWDA S, YU Y. Institutional ownership and conservatism [J]. SSRN.Working Paper, 2011.

[113] ROYCHOWDHURY S, WATTS, ROSS L. Asymmetric timeliness of earnings, market-to-book and conservatism in financial reporting [J]. Journal of Accounting and Economics, 2007(44): 2-31.

[114] RYAN S G. Identifying conditional conservatism [J]. European Accounting Review, 2006(15):511-525.

[115] SHLEIFER A, WOLFENZON D. Investor protection and equity markets [J]. Journal of Financial Economics, 2002(66):3-27.

[116] SHLEIFIER A, VISHNY R W. A survey of corporate governance [J]. Journal of Finance,1997(52):737-783.

[117] SHROFF P K, ZHANG S. The conservatism principle and the asymmetric timeliness of earnings: an event-based approach [J]. SSRN.Working Paper, 2004.

[118] SHUTO A, TAKADA T. Managerial ownership and accounting conservatism in Japan: A test of management entrenchment effect [J]. Journal of Business Finance & Accounting, 2010(37):815-840.

[119] SMITH C, WARNER J. On financial contracting: An analysis of bond covenants [J]. Journal of Financial Economics, 1979(7):117-161.

[120] SMITH J M, JR, SKOUSEN F K. Intermediate accounting [M]. 9th ed. (Cincinnati,OH: South Western),1987.

[121] SRIVASTAV A, SENYO Y T. The contribution of delayed gain recognition to trends in conservatism: A reexamination using a new approach to measuring accounting conservatism [J]. SSRN. Working Paper, 2010.

[122] STERLING R R. Conservatism: The fundamental principle of valuation in traditional accounting [J]. Abacus, 1967(3): 109-132.

[123] STULZ R M. Globalization, corporate finance, and the cost of capital [J]. Journal of Applied Corporate Finance, 1999(2):8-25.

[124] STULZ R M. The limits of financial globalization [J]. Journal of Finance, 2005(60):1595-1638.

[125] SUNDARAM R, YERMACK D. Pay me later: Inside debt and its role in managerial compensation [J]. Journal of Finance, 2007(62):1551-1588.

[126] VILLALONGA B, AMIT R. How do family ownership, control, and management affect firm value [J]. Journal of Financial Economics, 2006

160

(80):385-417.

[127] WALD J K, LONG M S. The effect of state laws on capital structure [J]. *Journal of Financial Economics*, 2007(83):297-319.

[128] WANG C, XIE F, XIN X G. Managerial ownership of debt and accounting conservatism [J]. *SSRN. Working Paper*,2010.

[129] WANG C, XIE F, XIN X. Managerial ownership of debt and bank loan contracting [J]. *Chinese University of Hong Kong. Working Paper* , 2010.

[130] WANG D. Founding family ownership and earnings quality [J]. *Journal of Accounting Research*, 2006(44): 619-656.

[131] WANG R Z, ÓGARTAIGH C, ZIJL T V. Measures of accounting conservatism: A construct validity perspective [J]. *SSRN. Working Paper*, 2011.

[132] WANG R Z, ÓGARTAIGH C, ZIJL T V. Measures of accounting conservatism: A construct validity perspective [J]. *Journal of Accounting Literature*, 2008(28):165-203.

[133] WANG R Z. Operating risk and accounting conservatism: An empirical study [J]. *The International Journal of Business and Finance Research*, 2013(7): 55-68.

[134] WATTS R L. Conservatism in accounting part I: Explanations and implications [J]. *Accounting Horizon*, 2003(17):207-221.

[135] WATTS R L. A proposal for research on conservatism [R]. *Financial Research and Policy. Working Paper*, 1993.

[136] WATTS R L. Conservatism in accounting part II: Evidence and research opportunities [J]. *Accounting Horizon*, 2003(17):287-301.

[137] WATTS R, ZIMMERMAN J. Positive accounting theory [M]. *Englewood Cliffs*, NJ: Prentice-Hall, 1986.

[138] WATTS R L, ZIMMERMAN J L. Agency problems, auditing and the theory of the firm: Some evidence [J]. *Journal of Law & Economics*, 1983(26): 613-633.

[139] WITTENBERG- MOERMAN R. The role of information asymmetry and financial reporting quality in debt trading: Evidence from the secondary loan market [J]. *Journal of Accounting and Economics*, 2008(46):240-260.

[140] WRIGHT R. Evidence on the relation between corporate governance characteristics and the quality of financial reporting [J]. *Working Paper*, *University of Michigan*, 1997.

[141] XIE B, DAVIDSON W N, DADALT P J. Earnings management and corporate governance: The role of the board and the audit committee [J]. *Journal of Corporate Finance*, 2003(9):295-316.

[142] 曹宇,李琳,孙铮.公司控制权对会计盈余稳健性影响的实证研究[J]. 经济管理,2005(14):34-41.

[143] 陈策,吕长江.上市板块差异对会计稳健性的影响——来自A股主板和中小板民营企业的实证检验[J]. 会计研究,2011(9):32-39.

[144] 陈胜蓝,魏明海.董事会独立性、盈余稳健性与投资者保护[J]. 中山大学学报,2007(2):96-128.

[145] 陈胜蓝,魏明海.投资者保护与财务会计信息质量[J]. 会计研究,2006(10):28-35.

[146] 陈守东,陶治会.基于突变级数的创业板成长性研究[J]. 证券市场导报,2013(4):50-54.

[147] 陈旭东,黄登仕.会计盈余水平与会计稳健性——基于分量回归的探索分析[J]. 管理科学,2006(4):52-61.

[148] 陈旭东,黄登仕.上市公司会计稳健性的时序演进与行业特征研究[J]. 证券市场导报,2006(4):59-65.

[149] 陈艳莹,鲍宗客.行业效应还是企业效应?——中国生产性服务企业利润率差异来源分解[J]. 管理世界,2013(10):81-94.

[150] 陈远志,梁彤缨.行业特征、股权结构与公司绩效的实证分析[J]. 系统工程,2006(2):72-77.

[151] 成涛.我国公司和证券法的历史性变革[J]. 商务与法律,2005(4):4-14.

[152] 程晓陵,王怀明.公司治理结构对内部控制有效性的影响[J]. 审计研究,2008(4):53-61.

[153] 迟旭升,洪庆彬.新会计准则下会计盈余稳健性研究——来自深市A股上市公司的经验数据[J]. 东北财经大学学报,2009(2):22-27.

[154] 董红星.制度变迁、投资者保护与会计稳健性[J]. 华东经济管理,2011(8):110-114.

[155] 杜兴强,雷宇,郭剑花.政治联系、政治联系方式与民营上市公司的会计稳健性[J]. 中国工业经济,2009(7):87-97.

[156] 樊纲,王小鲁,朱恒鹏.中国市场化指数各地区市场化相对进程2004年度报告[M]. 北京:经济科学出版社,2011.

[157] 葛家澍.中国资本市场及信息披露规范[J]. 财务与会计,2008(10):6-9.

[158] 郭鹏飞,杨朝军.中国上市公司财务比率行业差异的实证研究[J]. 管理评论,2003(3):35-39,64.

[159] 韩亮亮,徐业坤.投资者法律保护与公司价值——基于法律、所有权与投资者预期的实证分析[J]. 管理评论,2010(7):97-104.

[160] 黄张凯,徐信忠,岳云霞.中国上市公司董事会结构分析[J]. 管理世界,2006(11):128-134.

[161] 计小青,曹啸.中国转轨时期的法律体系与投资者保护:一个比较的视角[J]. 科研管理,2007(5):114-122.

[162] 雷光勇,李帆,金鑫.股权分置改革、经理薪酬与会计业绩敏感度[J]. 中国会计评论,2010(3):17-30.

[163] 李爽,吴溪.盈余管理、审计意见与监事会态度——评监事会在我国公司治理中的作用[J]. 审计研究,2003(1):8-13.

[164] 李远鹏,李若山.是会计盈余稳健性,还是利润操纵?来自中国上市公司的经验证据[J]. 中国会计与财务研究,2005(7):1-31.

[165] 李增泉,卢文彬.会计盈余的稳健性:发现与启示[J]. 会计研究,2003(2):19-27.

[166] 梁建,陈爽英,盖庆恩.民营企业的政治参与、治理结构与慈善捐赠[J]. 管理世界,2010(7):109-118.

[167] 林钟高,魏立江,王海生.投资者法律保护、产品市场竞争与公司价值[J]. 审计与经济研究,2012(5):57-67.

[168] 刘怀德.计划经济体制与市场经济体制下企业会计之比较[J]. 会计研究,1996(1):32-37.

[169] 刘启亮,李增泉,姚易伟.投资者保护、金字塔结构与控制权私利[C]. 中国会计学年会论文集,2007.

[170] 刘启亮,李增泉,姚易伟.投资者保护、控制权私利与金字塔结构——以格林柯尔为例[J]. 管理世界,2008(12):139-148.

[171] 刘芍佳,孙霈,刘乃全.终极产权论、股权结构及公司绩效[J]. 经济研究,2003(4):51-62,93.

[172] 刘舒文,汪寿阳.上市公司盈余稳健和资产负债表稳健的相关性[J]. 系统工程,2006(10):59-62.

[173] 刘玉廷.中国会计改革与发展[J]. 财政监督,2009(6):14-17.

[174] 刘运国,吴小蒙,蒋涛.产权性质、债务融资与会计稳健性——来自中国上市公司的经验证据[J]. 会计研究,2010(1):43-50.

[175] 刘运国,吴小云.终极控制人、金字塔控制与控股股东的"掏空"行为研究[J]. 管理学报,2009(12):1661-1669.

[176] 栾甫贵.中外合资企业会计制度的历史贡献及其启示[J]. 审计与经济研究,2008(6):5-9.

[177] 罗琦,王寅.投资者保护与控股股东资产偏好[J].会计研究,2010(2):57-63.

[178] 毛新述,戴德明.会计制度变迁与盈余稳健性:一项理论分析[J].会计研究,2008(9):26-32,95.

[179] 毛新述,戴德明.会计制度改革、盈余稳健性与盈余管理[J].会计研究,2009(12):38-46.

[180] 曲晓辉,邱月华.强制性制度变迁与盈余稳健性——来自深沪证券市场的经验证据[J].会计研究,2007(7):20-28.

[181] 邵春燕.终极控制股东对企业盈余质量的影响研究综述[J].工业技术经济,2010(1):138-141.

[182] 沈维涛,王贞洁.我国民营上市公司持续成长影响因素的实证研究[J].经济管理,2008(6):11-16.

[183] 沈艺峰,许年行,杨熠.我国中小投资者法律保护历史实践的实证检验[J].经济研究,2004(9):90-100.

[184] 坦尼夫,张春霖,白瑞福特.建立现代市场制度:中国的公司治理与企业改革[J].经济社会体制比较,2002(4):14-17.

[185] 苏坤,张俊瑞,杨淑娥.终极控制权、法律环境与公司财务风险——来自我国民营上市公司的证据[J].当代经济科学,2010(5):80-87,127.

[186] 苏启林,万俊毅,欧晓明.家族控制权与家族企业治理的国际比较[J].外国经济与管理,2003(5):2-8.

[187] 苏忠秦,黄登仕.家族控制、两权分离与债务期限结构选择——来自中国上市公司的经验证据[J].管理评论,2012(7):132-142.

[188] 唐建新,陈冬.地区投资者保护、企业性质与异地并购的协同效应[J].管理世界,2010(8):102-116。

[189] 唐建新,李永华,卢剑龙.股权结构、董事会特征与大股东掏空——来自民营上市公司的经验证据[J].经济评论,2013(1):86-95.

[190] 唐跃军.行业差异、利益相关者治理机制与治理指数分析[J].证券市场导报,2005(12):28-33.

[191] 王博森,施丹.市场特征下会计信息对债券定价的作用研究[J].会计研究,2014(4):19-26.

[192] 王冲,谢雅璐.会计稳健性、信息不透明与股价暴跌风险[J].管理科学,2013(2):68-79.

[193] 王化成,佟岩.控股股东与盈余质量——基于盈余反应系数的考察[J].会计研究,2006(2):66-74,97.

[194] 王建明.环境信息披露、行业差异和外部制度压力相关性研究——来自我国沪市上市公司环境信息披露的经验证据[J].会计研究,2008(6):54-62,95.

[195] 王力军.金字塔结构控制、投资者保护与公司价值——来自我国民营上市公司的经验证据[J].财贸研究,2008(4):74-82.

[196] 王力军.金字塔控制、关联交易与公司价值——基于我国民营上市公司的实证研究[J].证券市场导报,2006(2):18-24.

[197] 王鹏.投资者保护、代理成本与公司绩效[J].经济研究,2008(2):68-82.

[198] 王书斌,王雅俊.我国上市公司并购财富效应的行业特征研究与实证分析[J].财贸研究,2011(2):120-129.

[199] 王跃堂,涂建明.审计报告标准改变的经济后果——来自资本市场的经验证据[J].财经研究,2006(12):75-86.

[200] 魏刚,肖泽忠,Travlos,et al.独立董事背景与公司经营绩效[J].经济研究,2007(3):92-105,156.

[201] 吴斌,刘灿辉,史建梁.政府背景、高管人力资本特征与风险投资企业成长能力:基于典型相关方法的中小板市场经验证据[J].会计研究,2011(7):78-84.

[202] 吴凡,卢阳春.转型期中国民间资本进入银行业的金融努力分析[J].财经科学,2005(4):11-17.

[203] 吴文锋,吴冲锋,刘晓薇.中国民营上市公司高管的政府背景与公司价值[J].经济研究,2008(7):130-141.

[204] 吴文锋,吴冲锋,芮萌.中国上市公司高管的政府背景与税收优惠[J].管理世界,2009(3):34-42.

[205] 肖珉,沈艺峰.跨地上市公司具有较低的权益资本成本吗?——基于"法与金融"的视角[J].金融研究,2008(10):93-103.

[206] 肖作平,徐玲玉,陈雨薇.终极控制股东对审计定价的影响——来自中国上市公司的经验证据[J].证券市场导报,2011(11):27-33.

[207] 肖作平.委托代理关系、投资者法律保护与公司价值[J].证券市场导报,2012(12):25-34.

[208] 肖作平.中国上市公司董事会结构分析[J].财政研究,2008(2):58-61.

[209] 肖作平.终极控制股东对资本结构选择的影响——来自中国上市公司的经验证据[J].中国管理科学,2012(4):167-176.

[210] 萧维嘉,王正位,段芸.大股东存在下的独立董事对公司业绩的影响——基于内生视角的审视[J].南开管理评论,2009(12):90-97.

[211] 谢柳芳,朱荣,何苦.退市制度对创业板上市公司盈余管理行为的影响——基于应计与真实盈余管理的分析[J].审计研究,2013(1):95-102.

[212] 谢志华,杨克智.会计稳健性运行机制研究[J].审计与经济研究,2011(3):9-16.

[213] 修宗峰.股权集中、股权制衡与会计稳健性[J].证券市场导报,2008(3):40-

48.

[214] 许年行,吴世农.我国中小投资者法律保护影响股权集中度的变化吗?[J]. 经济学(季刊),2006(4):894-921.

[215] 杨克智,谢志华.金字塔股权结构、终极控股股东行为与会计稳健性[J]. 北京工商大学学报(社会科学版),2010(11):27-34.

[216] 杨有红,徐心怡.试论我国上市公司监督机制中的模式选择及完善[J]. 审计研究,2007(3):58-64.

[217] 杨忠莲,徐政旦.我国公司成立审计委员会动机的实证研究[J]. 审计研究,2004(1):19-24.

[218] 叶陈云,谢志华,杨克智.股权分置改革、会计稳健性与盈余管理研究[J]. 北京工商大学学报(社会科学版),2012(7):64-71.

[219] 叶康涛,祝继高,陆正飞,等.独立董事的独立性:基于董事会投票的证据[J]. 经济研究,2011(1):126-139.

[220] 叶勇,胡培,何伟.上市公司终极控制权、股权结构及公司绩效[J]. 管理科学,2005(2):58-64.

[221] 叶长兵,郭萍.中国家族上市公司金字塔控股结构特征分析[J]. 财经论丛,2010(6):91-96.

[222] 游家兴,罗胜强.政府行为、股权安排与公司治理的有效性——基于盈余质量视角的研究[J]. 南开管理评论,2008(6):66-73.

[223] 于团叶,张逸伦,宋晓满.自愿性信息披露程度及其影响因素研究——以我国创业板公司为例[J]. 审计与经济研究,2013(2):68-78.

[224] 于文超,何勤英.投资者保护、政治联系与资本配置效率[J]. 金融研究,2013(5):152-166.

[225] 于忠泊,田高良,张咏梅,等.会计稳健性与投资者保护:基于股价信息含量视角的考察[J]. 管理评论,2013(3):146-158.

[226] 俞红海.终极控制权、法制环境与上市公司现金持有[J]. 南方经济,2012(11):55-65.

[227] 张华,张俊喜,宋敏.所有权和控制权分离对企业价值的影响——我国民营上市企业的实证研究[J]. 经济学(季刊),2004(10):1-14.

[228] 张小茜,汪炜.持股结构、决议机制与上市公司控制权[J]. 经济研究,2008(11):41-50.

[229] 张学勇,廖理.股权分置改革、自愿性信息披露与公司治理[J]. 经济研究,2010(4):28-39.

[230] 张兆国,刘永丽,李庚秦.会计稳健性计量方法的比较与选择——基于相关性和可靠性的实证研究[J]. 会计研究,2012(2):37-41.

［231］张兆国,刘永丽,谈多娇.管理者背景特征与会计稳健性——来自中国上市公司的经验证据[J].会计研究,2011(7):11-19.

［232］赵春光.中国会计改革与谨慎性的提高[J].世界经济,2004(4):53-62.

［233］赵德武,曾力,谭莉川.独立董事监督力与盈余稳健性——基于中国上市公司的实证研究[J].会计研究,2008(9):55-63,96.

［234］甄红线,史永东.终极控制股东研究——来自中国上市公司的经验证据[J].中国工业经济,2008(11):108-118.

［235］周泽将,杜兴强.税收负担、会计稳健性与薪酬业绩敏感度[J].金融研究,2012(10):167-179.

［236］朱茶芬,李志文.国家控股对会计稳健性的影响研究[J].会计研究,2008(5):38-45,95.

［237］朱茶芬.会计管制和盈余质量关系的实证研究[J].财贸经济,2006(5):39-45.

索引